U0957577

知识生产的原创基地
BASE FOR ORIGINAL CREATIVE CONTENT

颉腾商业
JIE TENG BUSINESS

信任之路

组织如何赢得人心，持续发展

The Four Factors of Trust

How Organizations
Can Earn Lifelong Loyalty

[美] 阿什莉·赖克赫尔德（Ashley Reichheld）
阿梅莉亚·邓洛普（Amelia Dunlop）◎著

彭剑◎译

华龄出版社
HUALING PRESS

Title: The Four Factors of Trust: How Organizations Can Earn Lifelong Loyalty, by Ashley Reichheld and Amelia Dunlop

Copyright © 2023 by John Wiley & Sons

This translation published under license. Authorized translation from the English language edition, published by John Wiley & Sons. No part of this book may be reproduced in any form without the written permission of the original copyrights holder.

北京市版权局著作权合同登记号 图字：01-2024-1407 号

图书在版编目（CIP）数据

信任之路：组织如何赢得人心，持续发展 /（美）阿什莉·赖克赫尔德（Ashley Reichheld），（美）阿梅莉亚·邓洛普（Amelia Dunlop）著；彭剑译. -- 北京：华龄出版社，2024.6

ISBN 978-7-5169-2734-2

Ⅰ. ①信… Ⅱ. ①阿… ②阿… ③彭… Ⅲ. ①企业管理 Ⅳ. ①F272

中国国家版本馆 CIP 数据核字（2024）第 065090 号

策　划　颉腾文化

责任编辑　鲁秀敏　　责任印制　李未圻

书　名	信任之路：组织如何赢得人心，持续发展		
作　者	[美] 阿什莉 · 赖克赫尔德 [美] 阿梅莉亚 · 邓洛普	译　者	彭剑
出　版 发　行	华龄出版社 HUALING PRESS		
社　址	北京市东城区安定门外大街甲 57 号	邮　编	100011
发　行	（010）58122255	传　真	（010）84049572
承　印	文畅阁印刷有限公司		
版　次	2024 年 6 月第 1 版	印　次	2024 年 6 月第 1 次印刷
规　格	650mm × 910mm	开　本	1/16
印　张	15	字　数	188 千字
书　号	ISBN 978-7-5169-2734-2		
定　价	89.00 元		

版权所有　翻版必究

本书如有破损、缺页、装订错误，请与本社联系调换

行业赞誉

PRAISE

最佳工作场所组织在过去30年中一直通过对超过1亿职场人士的调查来衡量信任。没有信任就没有敬业度、满意度、忠诚度和幸福感。在这本书中，阿什莉和阿梅莉亚在员工体验和客户体验之间架起了一座信任之桥，这将带来一种持久的、有利于组织和人性化的巨大竞争优势。

——**迈克尔·布什（Michael C. Bush）** 最佳工作场所组织首席执行官

《信任之路》破解了信任密码。他们这个充满活力的团队阐明了网络在确保和恢复信任方面所发挥的关键作用，将网络面临的挑战与务实的建议结合起来，从而确保了建立信任的方法是可衡量的和可预测的，并具有实际可操作性。

——**戴夫·德沃尔特（Dave DeWalt）** 宵龙公司创始人兼董事总经理

信任是当今组织面临的最关键和最基本的问题之一。有了信任，一切皆有可能。没有信任，一切寸步难行。《信任之路》揭示了一种新的可用于赢得客户、员工、投资者及其他利益相关方信任的研究框架和衡量工具。阅读这些开创性的见解，并表现出尊重、耐心和承诺，对于任何组织的首席执行官和一线主管都将是极有用的。

——亨丽埃塔·福尔（Henrietta Fore） 霍尔斯曼国际公司董事会主席兼首席执行官

我经常说，强烈的信任最初是通过高期望设想的积极的、一致的体验建立起来的。一流的团队、深入的数据和有用的趣闻成就了这本书。当然，我希望能体验到一个有助于发展信任的工具包，我没有失望。我相信，同样热衷于提升和发展自己品牌的任何读者读到这本书时都会很高兴。

——苏珊娜·弗雷（Suzanne Frey） 谷歌公司产品副总裁兼首席隐私官

今天，成功的公司把人和目标放在第一位。在公司内部建立信任是取得成功的关键要素。阿什莉和阿梅莉亚在《信任之路》一书中清晰且精彩地分享了赢得信任的最佳实践，甚至还分享了你可以用来计算组织“信任分数”的方法。对每个致力于组织转型的人来说，这都是一个必不可少的工具。

——休伯特·乔利（Hubert Joly） 哈佛商学院高级讲师，百思买前董事长兼首席执行官，《商业的核心》作者

阅读这本重要的新书，这样你就可以帮助你的组织衡量和管理信任——建立值得对之忠诚的关系的最重要因素之一。

——弗雷德·赖克赫尔德（Fred Reichheld） 净推荐分数及框架创建者，《有目的地赢：无与伦比的爱客户战略》作者

阿什莉和阿梅莉亚精心创作了一个引人注目的数据驱动的故事，深入探讨了信任的复杂性。这本书提供了丰富的研究案例，揭示了建立信任对一个智慧、幽默型组织意味着什么的复杂性。不要错过。

——桑德拉·苏赫尔（Sandra Sucher） 哈佛商学院管理实践教授，《信任的力量》作者

对商业成功来说，没有什么比与所有利益相关方建立信任关系更重要了。每个组织都可以从阅读《信任之路》中受益，这是一本经过深入研究的全面指南，旨在创建深入人心的信任文化。

——艾米·韦弗（Amy Weaver） 赛富时总裁兼首席财务官

序　言

INTRODUCTION

学习骑自行车是种信任行为。我们相信，脚踩踏板会产生足够的动能来推动我们前进。我们相信，无论是谁在鼓励我们，都会扶着我们后座扶足够长的时间，让我们赢得信心。通过信任周围的人、信任自行车这种两轮机器、信任自己的能力，我们从一个不会骑自行车的人变成了一个会骑自行车的人。然后，我们在相当长的一段时间里都会有种成就感，都会感受到这种成就感带来的甜蜜刺激，以至于我们骑崭新的红色自行车骑着骑着就闯入了玫瑰丛，而带刺的玫瑰藤条会使我们摔倒。我们的生活中充满了“信任易得更易失”这样的时刻，然后我们开始艰难的信任重建，而这有时需要付出巨大的代价。

在很快可以获得信任但又很快失去信任的组织中，领导者经常会看到这种情况周而复始地上演。事实证明，人类很容易失去信任，重建信任却十分艰难。我们从个人体验中了解了这一点，稍后会对此做更详细的描述。

本书是一本关于建立信任的书。我们对信任这个话题满怀热情，因为信任能建立我们想要建立的关系类型、我们想要加入的组织类型以及我们想要生活在其中的环境类型。

我们对信任这个话题满怀热情
因为信任能建立我们想要建立的关系类型、我们想要加入的组织类型以及我们想要生活在其中的环境类型。

我们不会试图向你证明信任很重要。我们相信，你会从自己的个人和职业经历中了解到这一点。在这些经历中，你获得过信任，也失去过信任，你摔倒过，但又重新骑上了自己的红色自行车。本书想要提供一些不同的东西。我们希望能告诉你：作为组织领导者，你可以实际做些什么来建立信任，以及做这些可能会对社会中的其他利益相关方产生什么影响。

> 我们的目标是帮助领导者衡量信任、预测信任，并以建立信任的方式行事，因为我们相信信任是忠诚之道。

衡量信任、评估信任、给信任打分并将其纳入某项指数的方法与信任的定义一样多。例如，有社会信任衡量、客户信任情绪衡量和有助于开展良好公关活动的信任衡量，等等。皮尤（Pew）、爱德曼（Edelman）和盖洛普（Gallup）等研究机构都值得关注，它们研究并撰写了关于信任缺失的文章，我们也将分享其中一些结论。然而，这些机构之前写的大部分文章都是事后（即骑自行车的人摔倒在玫瑰花丛中之后）来帮助解释为什么信任会破裂。我们的目标是帮助组织**向前**发展。

我们想要一种有意义同时又具有可操作性的衡量标准来研究信任如何影响人类行为——这既有助于组织领导者理解信任，又有助于他们建立能产生积极结果的信任。我们没能找到这样一种现成的衡量标准，所以我们自己来创建它。

你可能对信任这个话题感到好奇，或者你是一位正在努力与客户或员工建立信任的组织领导者，又或者你是一位在信任领域深耕的学者，无论你出于什么样的原因阅读本书，我们都希望你在读完本书后能理解以下几点：

- 我们称为“四因素”的信任的四个组成部分与包括净推荐分数（Net Promoter Score，NPS）在内的忠诚度衡量标准相关，是建立忠诚度的有效方法。你可以而且应该衡量与客户、与员工的信任。
- 信任能为组织带来有意义的财务成果。
- 我们既可以根据实际行为来预测信任水平，又可以根据信任分数来预测这些行为。
- 我们可以根据这些预测结果来采取具体措施，以建立组织乃至整个社会所迫切需要的信任。

2018年秋天，我们都成了立志提升人类体验（Elevate the Human Experience，EHX或HX）的领导团队的一员。我们当时认为，尽管“提升人类体验”这个愿望崇高而遥远，但值得我们为之奋斗。我们现在相信，当我们承认一个人作为人的内在价值并尽己所能哪怕帮助他获得了就好那么一点点的体验时，我们也能说是提升了他的体验。我们从一开始就明白，如果人们不信任你，你就无法提升任何东西。如果我们能够理解是什么建立了信任，我们就可以为客户、员工和合作伙伴创造个性化体验，而这些个性化体验能增进信任，并随着时间的推移创造更好、更高水平的体验。

我们花了数百小时和数百万美元与我们的研究团队一起研究了下面这个问题。

如何建立信任

我们对多位信任专家进行了20多次深入采访。我们收集了近500个品牌的客户和员工的20多万份调查问卷，并与50名员工进行了深人的分组访谈，这些访谈的重点特别放在了女性员工以及小时工或零工身上。另外，我们还与擅长建立信任的组织领导者进行了交流。为了帮助组织建立信任，我们直接与它们开展了合作。我们研究了赢得或失去信任的著名的和不那么著名的案例。我们想知道：为什么客户信任一个品牌并对其忠诚？是什么行为使信任在困难时期仍得以维持？我们如何建立一种从自己的员工开始的由内而外的信任文化？这种信任切实的长期利益是什么？在讨论这些问题之前，让我们首先明确这里所说的信任的含义。

何谓信任

大多数人对信任的定义是："当我看到、感觉到或者听到时，我就会知道什么是信任。"又或者，人们会引用一个他们感到信任的特定时刻来定义信任。即使你看不到信任，它的存在或不存在也都会在很大程度上决定你与个人或组织相处时的体验是否良好。

我们对信任的定义如下：信任是承诺建立两人或多人之间有意义的互利关系。从根本上讲，信任和人与人之间以及由人构成的组织之间发生或未发生的事情有关。信任是组织与所有利益相关方（客户、员工和合作伙伴）之间极为重要的纽带。

信任是在脆弱时刻建立的。哈佛商学院教授桑德拉·苏赫尔（Sandra Sucher）曾发表过大量有关信任问题的文章，她将信任描述为"使自己易受他人意图和行为影响的意愿"。大多数组织和领导者都试图用确保实现目标结果的合同、详细条款和细则以及其他流程和法律工具来取代脆弱性。我们越不信任，就越不愿意让自己变得脆弱，就越需要用法律来替代脆弱性，我们的生活就会因此变得越复杂。客户和员

信任是承诺建立两人或多人之间有意义的互利关系。

工都要遵守这些合同，权力的平衡掌握在组织而不是个人手中。这使得对个人而言，信任变得愈加重要。

在商业中，信任意味着人们在参与组织时认为其利益与组织利益都得到了尊重。例如，客户相信他们从值得信任的组织下载的软件是安全的。当他们下载软件时，会使自己变得易受恶意软件、恶意应用程序或黑客的攻击，但过往经历驱动的信任使他们更直接地就做出了这种选择。员工相信，他们与组织的关系除了能让他们获得报酬外，还能让他们得到尊重和欣赏。于是，他们使得自己在心理上和经济上都很脆弱，因为他们相信组织会像维护其自身利益一样维护他们的利益。

无论多么短暂，信任都可归结为一段关系。有些关系是事务性的，而有些关系是持续性的。这可以是我们与自己的关系（例如我相信未来的自己会做出好的决定），可以是我们与其他某个人（例如工作中的某个同事）的关系，还可以是我们与组织的整个群体的关系。

因为人们把混乱的自我带到了工作中，所以对一段关系缺乏信任会影响到对另一段关系的信任。这样，对我们关系的信任会影响我们的整体人生观。我们可以根据亲密关系对信任的影响来理解这一点。例如，我们的研究数据显示，员工受访者总体上更信任“我的雇主”，而不是“整个企业”。当你接近某个对象时，就更容易理解它，并与之建立积极的关系。

我们相信，朋友会考虑我们的利益、会公平对待我们并尊重我们——这些都是尊重我们**人性**的行为。我们相信，一个组织能够提供其承诺的产品或服务——我们称之为**能力**。我们相信，工作中的同事是直率和诚实的——这意味着重视**透明度**。我们相信，自行车的刹车系统今天会像昨天一样工作——这是一种由**可靠性**驱动的信任。我们将人性化、透明度、能力和可靠性称为信任的四个因素。我们认为这四个因素在一个无限的循环中相互交织，每个因素都与其他因素相关，而最弱的因素决定了信任的整体强度（见图 0-1）。

总之，这四个因素不仅有助于我们在信任破裂之前建立信任，而且更能在信任破裂之后帮助我们重建信任。

图 0-1

我们是谁，为什么要写这本关于信任的书

你可能想知道：我们是谁，你为什么要信任我们？这个问题提得很好。阿什莉和阿梅莉亚（即本书中的“我们”）是值得信赖的朋友、同事和合作者，我们对提升人类体验有着共同的愿景和热情。我们都

是全球最大的专业服务组织德勤（Deloitte）的负责人，同时也是妻子和母亲。虽然我们都不是学者，但阿什莉拥有社会心理学和性别研究学学位，而阿梅莉亚拥有社会学、道德神学和商学学位。阿什莉的超能力是她的好奇心和解决问题的动力，特别是在逆境中解决问题的动力。阿梅莉亚的超能力在于她总能做到大脑和内心一致。工作之余，阿什莉很可能会和她的伴侣及双胞胎孩子一起在家里或工作室玩乐高，堆砌出又一个海盗船沙盘模型。阿梅莉亚则最有可能与丈夫和三个孩子一起进行一些新的冒险或“体验”，在基韦斯特（Key West）学习滑翔伞，或飞去阿根廷与乌拉圭之间的三角形河口钓大鱼。

阿什莉的经验实际上来自其家族，她的叔叔弗雷德·赖克赫尔德（Fred Reichheld）是《忠诚效应》（*The Loyalty Effect*）的作者和净推荐分数（NPS）的提出者。作为畅销书《提升人类体验：职场中通向爱和价值的三条道路》（*Elevating the Human Experience: Three Paths to Love and Worth at Work*）的作者，阿梅莉亚的经历促使她研究了职场中的人的价值和爱这个问题。阿什莉和阿梅莉亚一致认为，没有信任就很难开展业务，没有信任就不可能提升人类体验。

我们的合作刚开始时并不顺利（我们现在称之为“信任赤字”），这对我们的团队而言已不是什么秘密。我们看事情的角度不同，工作风格也不同。阿什莉喜欢以无限的精力和热情来处理她的工作，经常会在早上 6 点就回到笔记本电脑前处理下一个挑战。阿梅莉亚习惯于用心感受和沉浸式思考，需要在远离笔记本电脑的空间中（最好是在阳光下）深思，然后带着全新的视角回到工作中。早些时候，在形成合作写本关于信任的书这样重要的想法之前，阿梅莉亚就觉得当她需要更多时间呼吸时，阿什莉会对她施加过大的压力（想象一下早上喝咖啡前的一系列热情的短信和电子邮件）。阿什莉有时会觉得阿梅莉亚无暇顾及工作且有些过于随心所欲（想象一下那些一天或更长时间都没有回复的短信和电子邮件)。回顾过去，我们的工作风格就像是一阴一阳，或一个是左脑思维，一个是右脑思维。

虽然我们都无法说出这个事后来确切的转折点，但我们都同意，建立信任需要**可靠地**表现出来，需要彼此**透明地**交流，需要以展示我们**人性**的方式表现出脆弱性。我们从未怀疑过彼此的工作**能力**，因此我们对自己作为专业人士的技能有信心。我们的关系的故事就是利用信任的四个因素来建立更值得信任、更持久的伙伴关系及友谊的例子。我们每天都在努力，这促成了这次合作和这本书。

为什么你应该像我们一样对建立信任予以关注

我们认为，你应该像我们一样关注如何建立信任，原因有三。

- 不管你如何衡量，都是信任正处于历史最低水平。
- 建立信任是塑造人类行为和提升体验的最有效途径之一。
- 建立信任会产生有意义的长远影响。

理解信任比以往任何时候都更重要。信任水平正在下降。与 20 年前相比，今天的人们对企业、政府、品牌及其产品或服务的信任水平都有所下降。是什么导致了这种下降？政治两极分化、社会错位、经济地位变化、工作生活中的干扰、社交媒体的有毒一面以及社会资本的减少——所有这些因素都在共同制造怀疑和不信任。

高绩效组织明白，建立信任可以促进人类行为，并产生更好的结果。美国国家航空航天局（NASA）重点关注了人性，它将宇航员团队派往荒野共同求生，在面对彼此和各种因素时宇航员共同表现出脆弱性，并最终共同取得成果。NASA 了解到，通过迫使团队在初期表现出极端的脆弱性，可使团队成员之间快速而深入地建立信任，这是确保团队在距地面 400 多千米的太空时仍能良好工作的前提。

建立信任会得到积极的结果。我们在研究中发现，高度信任某个品牌的客户再次购买该品牌的可能性要高出 88%，有 62% 的人几乎完全购买他们信任的品牌。高度信任雇主的员工中有 79% 感到工作有动力（相比之下，不信任雇主的员工中仅 29% 感到工作有动力），大多数信任水平很高的员工（71%）不会主动寻求其他就业机会。

本书讲了些什么

第一部分 关于信任你需要知道些什么

第 1 章介绍了信任的四个因素以及这些因素是如何影响人类行为的。我们分享了一种新的信任衡量标准，组织可以利用该标准来了解建立或重建信任时应采取的行动。此外，我们还分享了我们将信任与对组织而言最重要的财务结果联系起来的方式。

第 2 章考察了我们在努力创建更有效的信任衡量标准时所遇到的一些问题。我们讨论了为什么期望很重要、信任是如何碎片化的、为什么信任很难衡量以及为什么建立信任颇具挑战性。

第 3 章描述了信任和忠诚之间的联系，以及你为什么需要通过建立信任来赢得忠诚。我们将向你展示如何做出选择来建立信任，以及如何在信任受到威胁时适时适地地采取行动。我们还分享了《华尔街日报》如何通过干预来与其客户建立信任的案例。

第 4 章揭示了吸引人的组织是如何每天都在赢得信任的。我们揭示了最受信任组织的共同特征以及四个因素在不同组织中的相对重要性。我们用三种不同类型的组织案例阐明了基于数据的见解，这些组织证明了建立对品牌的信任可以加速回报，如“人性化领导者”克利夫兰诊所、“胜任力领导者”劲量公司（Energizer）以及“信任赢得者”万豪国际（Marriott International）。

第 5 章研究了哪些品牌需要在信任领域继续努力。在该章中，我们分享了相关数据，这些数据反映了品牌认为的自身受信任程度与客户实际信任程度之间存在的差距，我们讨论了“不受信任聚类”（综合信任分数最低的品牌）和“模糊中立聚类”（既不受信任也不受怀疑的组织）。此外，我们还讨论了美国国家女子篮联（WNBA）和爱德华琼斯金融（Edward Jones）等一直能够建立信任的同类品牌以及难以建立信任的其他一些品牌。

第 6 章考察了与员工信任和客户信任有关的人口统计特征数据。我们讨论了包括身份认同在内的生活经历是如何塑造信任的，并用我们自己生活中的案例做了说明。我们还分享了哪些客户和员工更可能或更不可能产生信任感，以及各种期望和主动权是如何促进人们的信任意愿的。

第 7 章阐述了组织可以与对其最重要的对象（客户、员工和合作伙伴）建立良性的信任循环。我们分享了美国运通（American Express）和达美航空（Delta Air Lines）等公司如何合作建立信任的案例。

第 8 章分享了我们仍不清楚的与信任相关的东西、我们希望接下来能学到的东西，以及一路上让我们感到惊讶的一些事情。

第二部分　信任“指南”

第 9 章概述了个人和组织如何着手建立信任。我们分享了我们作为领导者是如何将信任融入我们的领导理念的，以及我们是如何将学到的东西应用到我们自己的组织中的。

第 10 章～第 15 章为信任关系的建立和维护提供了指南。这些章讨论了在特定组织领域建立信任所面临的挑战和应遵循的原则，包括：

- 高管领导力
- 可持续性与公平性
- 营销与体验
- 人才与人力资本
- 运营与技术
- 网络安全

结论部分回答了“受信任品牌如何改变世界”这个问题，我们的目标是建立一种信任关系来帮助组织发展，同时使这些组织能够提升所接触对象的体验。我们讨论了谁应对建立信任负责，以及受信任组织如何成为一股强大的向善力量。

我们从个人的体验中了解到，失去信任很容易，而建立信任却很难。我们希望本书能为你提供切实可行的指导，帮助你在对你而言最重要的个人关系和组织关系中建立信任。

目　录

CONTENTS

附录 197

Part 1

第一部分

关于信任你需要知道些什么

第 1 章
增进信任的四个因素

本章将讨论：

- 信任的四个因素
- HX TrustID 的诞生

大卫·柯比（David Kirby）是福特汽车公司企业连接集团的战略与业务助理总监。在多年的职业生涯里，他一直都致力于研究“信任”这个主题。大卫经常在研讨会开始时做以下练习。他先会要求参与者用两分钟时间在一张便利贴上写下他们对信任的定义，但并不会给出任何进一步的指示。接下来，他会让每个人都大声读出他们的定义。有人可能会说“信任让自己变得脆弱”，其他人可能会说“信任即货币”或者“信任即感觉”。如果有 10 名参与者，大卫通常会听到 10 种不同的说法。每个人都意识到了，作为一个团队，他们对信任这样的基本东西并没有形成共同的认识。这时，大卫都会听到少许笑声，并看到一些会心但不令人舒服的眼神。然后，大卫会递给参与者一张新的便利贴，让他们同样用两分钟时间写下对可靠性（信任的四个因素之一）的定义。这一次，所有人的回答都是“言行一致”。由此不难看出，虽然人们很难定义信任，但他们真的很善于定义信任的核心因素，如可靠性。

当我们的团队开始建立一种新的、更好的信任衡量方法——一种像我们这样的领导者可以据之采取行动的方法时，我们就知道，我们需要了解增进信任的根本因素。在对数百页关于信任的商业和学术文献进行了 500 多个小时的深入、彻底研究以及无数次回归分析后，我们将信任细分为四个组成部分（我们称之为四个因素）：人性化、透明度、能力和可靠性。回答“组织对我表现出同理心和善意了吗”要比描述清楚一些似乎不太对劲的恼人感觉容易得多。

信任的四个因素

如前所述，信任是对组织与其利益相关方之间建立有意义的互利关系的承诺。在个人层面，我们采用了哈佛大学教授、著名信任研究学者桑德拉·苏赫尔的定义，即信任意味着我们愿意在他人行为面前表现出脆弱性，因为我们相信对方有着良好的意愿，并会善待我们。我们认为，想要建立信任的领导者会面临这样一个问题：是什么促使人们愿意让自己表现出脆弱性？

从本质上讲，当组织做出良好承诺并兑现这些承诺时，就会建立信任。我们分别称之为意图和胜任力。我们通过展示**透明度**和**人性化**来表达意图，通过展示**能力**和**可靠性**来证明胜任力。这就是信任的四个因素。

> 在我们的研究中，“四个因素”描述了我们在所谓信任分数中看到的几乎所有变化（79%），这意味着它们在信任决策中起到了决定性作用。

“四个因素”也是对人类行为的高度描述。平均而言，对“四个因素”评价很高的客户**表现出积极行为的可能性要高出 2.5 倍**，比如捍卫或推广品牌、选择品牌、购买更多和消费更多。这种程度的行为预测非常重要，它使人们能够理解如何引导建立信任和提升体验的行为。我们还可以量化这种行为变化带来的影响（见图 1-1）。例如，在我们研究的所有行业中，**如果一个组织能将客户的人性化评分由中提到高，那么客户为该组织品牌辩护以抵制负面评价的可能性几乎是评分为中时的 2 倍，在社交媒体上推广该组织品牌的可能性是评分为中时的 1.7 倍，在该组织品牌上花费更多（相比于其竞争对手）的可能性是评分为中时的 2.6 倍**。

当品牌展现出高度的人性化时，客户更有可能购买并表现出忠诚

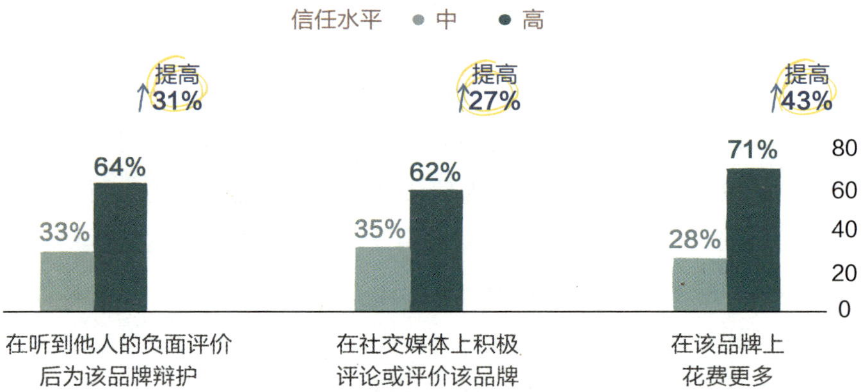

图 1-1

尽管这些因素的相对重要性可能因行业而异（后续章节将详细介绍），但“四个因素”本身在不同行业和利益相关方类型（客户、员工和合作伙伴）之中保持了一致。我们可以充满自信地说，“四个因素”是信任的主要驱动力。

人性化意味着个人或组织对其客户和其他利益相关方表现出同理心和善意，公平对待每个人。

不管人口结构特征或所从事的行业如何，大多数受访客户和员工都一致认为，人性化对于建立信任非常重要。

在过去几十年的信任研究（我们的研究在此基础上进行）中，许多人认为，要获得信任，组织必须乐善好施，有行善的意向。乐善好施也可以指“慷慨捐赠”，但这似乎不能很好地描述各种商业活动（尽管有企业慈善）。将慈善与企业的收入和利润目标挂钩尤其棘手。我们选择人性化是因为，从定义上讲，人性化是一种重视人类的品质，具体表现为同情、同理心和体贴。人性化分数高的品牌看重的是人（对一些品牌来说，是诸如人类的环境需求等的延伸），而不是用金钱换取产品或服务的交易关系。

我们在研究中发现，人性化对于促进医疗保健行业、旅游及酒店行业的消费者行为尤为重要，这两个行业均以与一线员工的面对面互动为中心（见图 1-2）。我们可以从护士和医生的信任分数对比中看到这一点。护士是最受信任的职业，多年来一直如此。虽然医生也很受信任，但他们的分数比护士低 14 分。这种差异是由于他们在典型医疗系统或医院中的角色及行为不同。回想一下你年轻时去看儿科医生或者你孩子最近一次看医生。不论是在医疗护理方面，还是在患者的身体和情感舒适度方面，护士都被教导要透明、开放，要感受并表现出对患者的同情。他们在患者房间里停留的时间是医生的两倍。从患者的角度来看，护士提供了约 87% 的护理时间，而医生提供的护理时间约为 12%。

即使是最富有同情心和最友好的医生，也都处在为每名医生配备三名护士的环境中。这些医生根据一天的预约量花在与患者建立关系和同情患者上的时间，或者花在向儿童患者分发贴纸上的时间都只会更少。

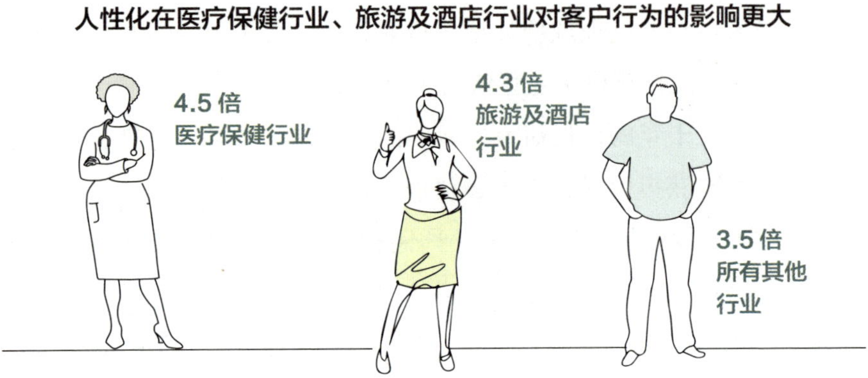

图 1-2

人性化能带来什么样的好处（见图 1-2 和图 1-3）？当一个组织表现出高度的人性化时，**其客户在出现误解的情况下仍然坚持该品牌的可能性是其他组织的 2.8 倍，其员工在听到他人对该组织的负面评价后为雇主辩护的可能性是其他组织的 1.5 倍**。

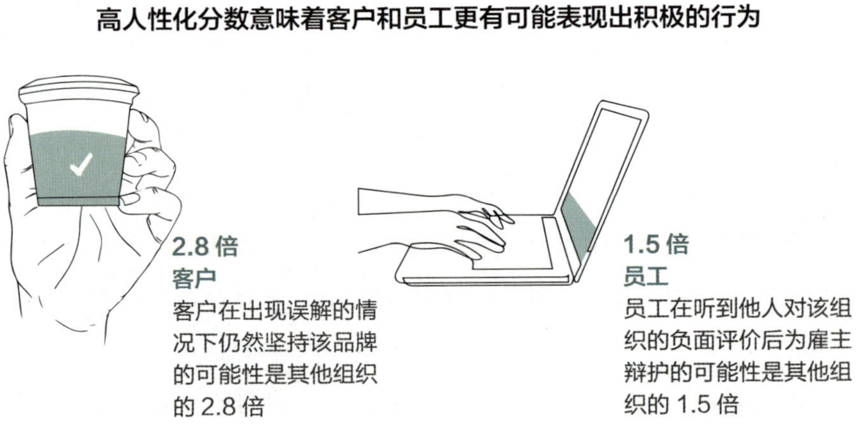

图 1-3

透明度是指个人或组织以通俗易懂的语言公开分享信息、动机和选择。

对组织而言，透明度的关键在于披露相关信息来供客户决定是否参与（而不是，比如披露机密信息）。这与可能只有律师才喜欢的长达80页的软件用户协议不同。透明度意味着通过合适的渠道在合适的时间向人们提供合适的信息。大卫·柯比将这称为“相关透明度”，他举了一家餐厅的例子，这家“从农场到餐桌”的餐厅称其肉类食材“经过了人道的饲养和加工”——这种通俗易懂的语言省去了向食客讲述透明但不讨人喜欢的人道的屠宰细节。透明度是我们测试的大多数客户行为的重要驱动因素。在提供更复杂的服务和产品的地方，客户通常会更加依赖透明度。例如，透明度在保险和银行业具有巨大影响力，复杂的金融工具和安排可能会导致消费者不信任组织，而清晰、真实地披露信息和意图则可能增强客户的信心。

透明度能带来什么样的好处（见图 1-4）？当一个组织表现出较高的透明度时，**客户在社交媒体上推广该组织品牌的可能性是透明度较低组织的 1.6 倍，而员工在公共网站上积极评价雇主的可能性是后者的 1.8 倍**。

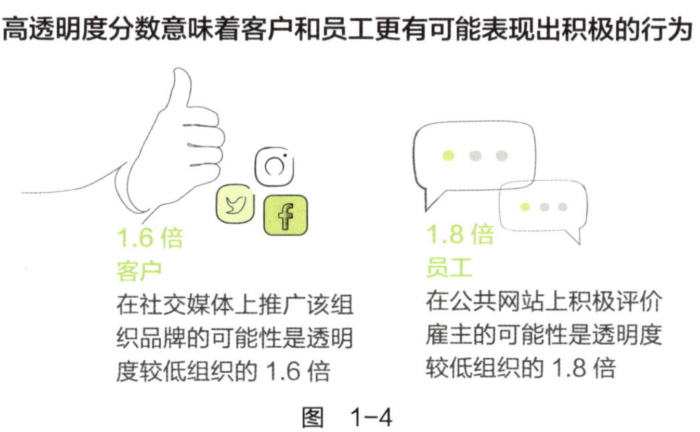

图 1-4

能力意味着个人或组织提供高质量的产品、体验或服务。

这个因素与组织的核心能力有关，即组织是否有办法满足客户、员工或其他利益相关方的期望。例如，一家汽车企业必须有能力制造符合其安全、速度、舒适和价格等承诺的汽车。在我们研究的所有行业中，能力都是忠诚的首要驱动力，可以说，能力是入场筹码。如果你没有满足目标需求的产品或服务，就没有市场。例如，人们不会坐上存在安全隐患的车，不会去可能引发食物中毒的餐馆就餐。根据能力交付是一项基本要求。

组织展示其能力会带来什么样的好处（见图 1-5）？当一个组织表现出很强的能力时，**客户选择该组织品牌的可能性是选择竞争对手品牌的 2.8 倍，员工寻找新工作的可能性是竞争对手的一半。**

高能力分数意味着客户更有可能表现出积极的行为，

而员工则更少可能表现出消极的行为

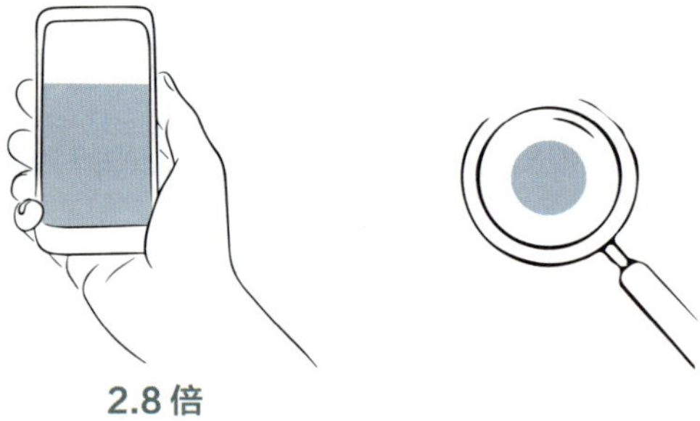

2.8 倍
客户
选择该组织品牌的可能性是选择竞争对手品牌的 2.8 倍

0.5 倍
员工
寻找新工作的可能性是竞争对手的一半

图 1-5

可靠性意味着个人或组织一次又一次、始终如一地、可靠地履行承诺。

有能力但不可靠的组织也很难获得消费者的信任。联邦快递公司（FedEx）凭借其对“绝对、积极地”按时交付包裹的坚定保证打造了一个品牌。可靠性对消费品公司来说尤其重要，因为客户有很多选择。

可靠性能带来什么样的好处（见图 1-6）？当一个组织表现出高度的可靠性时，**客户在该组织品牌上花费更多（相比于其竞争对手）的可能性几乎是低可靠性组织的 4 倍，而员工向朋友、家人或同事推荐该组织雇主的可能性是低可靠性组织的 1.5 倍。**

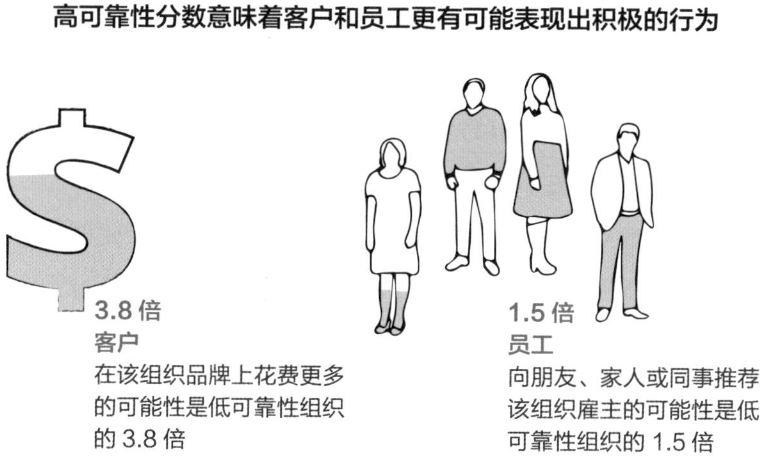

图 1-6

HX TrustID 的诞生

将信任细分为四个因素使我们有可能着手建立一种新的信任衡量方法，从而帮助公司提升人类体验（HX）。我们称之为 HX TrustID，发音为 HX Trust “ID”。当然，我们也喜欢“受信任”（TrustED）的近似读音的双重含义。明白了吗？那么你是受信任的吗？

当我们着手建立这个新的衡量标准时，我们确定了三个关键目标。我们希望该衡量标准**简单**、**有意义**和**可操作**。我们从其他衡量标准的成功中了解到，简单性是标准采用的关键。它既要易于理解，又要便于领导者在其组织中实施。此外，衡量标准还必须有意义。对我们来说，这意味着它必须与行为和财务结果挂钩。最后，它必须是可操作的。一旦领导者认识到“四个因素”的简单性和重要性，我们就希望他们知道如何迅速采取行动。

我们稍后将详细介绍如何使该衡量标准变得有意义和可操作，但首先让我们从使其变得简单开始。通常来讲，构建简单但强大的东西并不容易。事实上，我们花了将近两年的时间来开发 HX TrustID 衡量框架并证明其无误。而且，因为了解到信任研究发展很快，所以我们计划在接下来的几个月里以及未来数年里继续测试和演进我们的模型（可视化的时间表见图 1-7）。

出于简单性考虑，我们将信任衡量设计为回答四个问题，并以此来获得受众（如客户或员工）给品牌或雇主打的综合信任分数。当你阅读下面的问题时，我们鼓励你想想你喜欢、常使用并常向朋友推荐的品牌。考虑一下你将如何回答这些问题（从强烈赞成到既不赞成也不反对，再到强烈反对）。如果你愿意，你也可以针对不喜欢的品牌重新回答这些问题。

客户 HX TrustID 问题

- **人性化：**（品牌）对我表现出同理心和善意，公平对待每一个人。
- **透明度：**（品牌）以通俗易懂的语言公开分享所有信息、动机和选择。

- **能力:**(品牌)创造高品质的产品、服务或体验。
- **可靠性:**(品牌)始终如一地、可靠地履行其承诺。

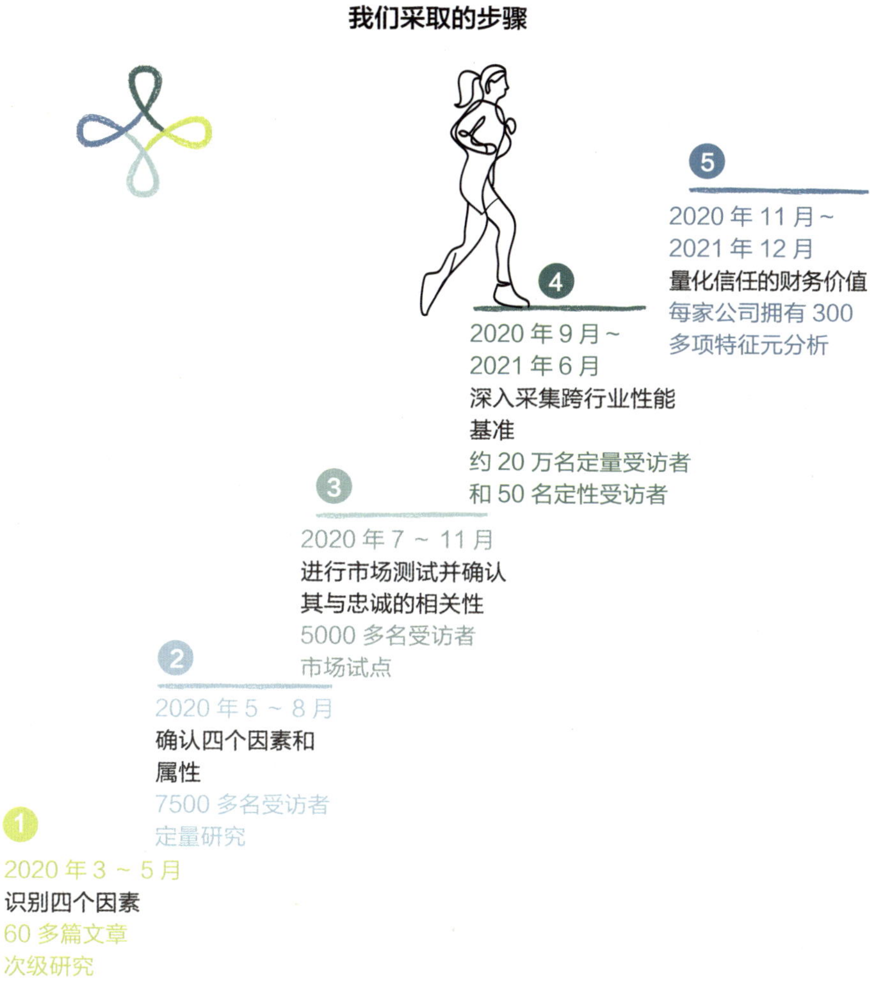

图 1-7

现在，对你目前或最近的雇主也做同样的评价。你会如何回答这些问题呢？

员工 HX TrustID 问题

- **人性化：**（雇主）对我表现出了同理心和善意。
- **透明度：**（雇主）用通俗易懂的语言分享对我来说重要的信息、动机和决定。
- **能力：**（雇主）为我创造了良好的工作体验，并为我提供了把工作做好所需的资源。
- **可靠性：**（雇主）始终如一地、可靠地履行对我的承诺。

接下来，为了获得组织客户或员工的整体 HX TrustID，我们用每个因素回答“赞成”的百分比减去回答“反对”的百分比。实际上，这用所有超级粉丝的和减法所有批评者的和，从而有效地获得了信任一个组织的客户或员工的“净”百分比。请注意，这也不包含“中立者”，即既不赞成也不反对每一种说法的受访者。我们的研究表明，中立或漠不关心往往会模糊一个组织正在发生的事情的结果，使该组织更难采取行动。通过消除“中立噪音”，我们可以更清楚地看到高信任度和低信任度是如何驱动行为的。

然后，对于每个客户或员工数据集，我们取四个因素分数的平均值来获得一个综合分数。该综合分数就是组织的 HX TrustID。请注意，我们为每个因素赋予了相同的权重，因为我们的研究表明，最受信任品牌在所有四个因素中的分数都很高。第 4 章将对此做进一步的讨论。在如图 1-8 所示的示例中，品牌 A 客户的 HX TrustID 为 25%。具体为，有 60 名受访者表示“赞成”，35 名受访者表示“反对”，25 名受访者表示“既不赞成也不反对”。简单来讲，100 名消费者中有“净”25 人认为该公司值得信任。接下来，我们可以将其与同行业组织的其他 HX TrustID 综合分数进行比较。以本例来讲，25% 要比行业平均水平低 1 个百分点，比行业领先组织低 25 个百分点。

我们可以评估一个品牌相对于其竞争对手的 HX TrustID 分数

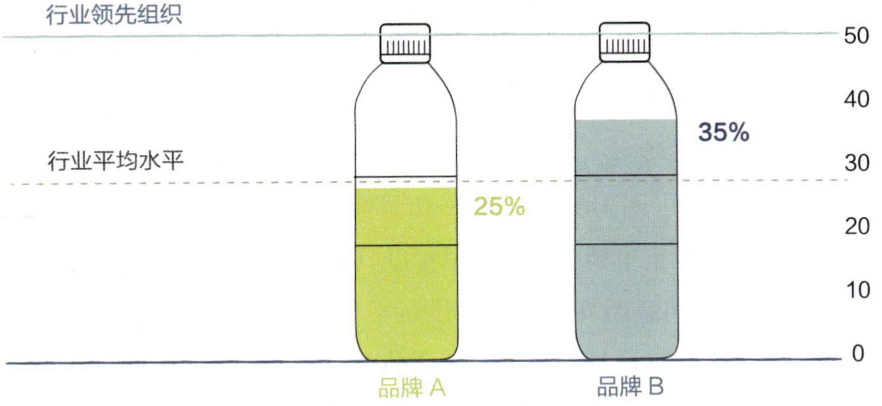

图 1-8

在此，你可能想知道这样一组简单的问题是如何强大到足以衡量、预测信任并根据结果采取行动来建立信任的。其背后是否具有足够的分析严谨性？以下是我们为建立和验证 HX TrustID 而采取的步骤，这些步骤使得该衡量标准不仅简单，而且具有意义和可操作性。

第一步：我们首先对源于业界和学界的诸多研究进行了元分析。考虑到简单性，我们从假设"胜任力和意图对建立信任至关重要"开始。这样，我们将范围缩小至了四个因素：能力和可靠性代表胜任力，人性化和透明度代表意图。此外，我们还确定了这些类别下的潜在变量，并在定量研究中对这些变量做了进一步验证。这使得我们了解了组织可以针对每个因素采取什么行动来建立信任。

结果：我们识别了四个因素。

第二步：为了确保我们的衡量标准是有意义的，我们开始了解信任情绪与人类行为之间的关系。我们对 3000 名客户和 4500 名员工进行了第一次定量研究。为了确定每个目标行为（如购买或使用）与客户和品牌之间以及员工和雇主之间的整体信任情绪的相关性，我们做了一系列多元线性回归。我们保持了该衡量标准的简单性，统计结果甚至比预期的还要好。如上所述，四个因素描述了我们在所谓的信任中看到的 79% 的变化。我们还注意到了每一个因素在预测行为方面的能力（见图 1-3 ~ 图 1-6）——这一衡量标准非常有意义。

最后，我们集中精力使该衡量标准具有可操作性。利用存在细微差别的胜任力和意图变量，我们进行了另一组多元线性回归，这一次是为了确定不同属性对每一个因素的贡献度。例如，如果对“四因素”问题的回答表明一个组织缺乏人性化（即同理心和善意），我们现在便可更进一步分析是什么导致了人性化分数低（如该品牌未能着重迅速解决安全、保障和满意度问题）。这些是最能改善人性化的信任建立行动，而且为了了解每一个因素的驱动因素，我们进行了广泛验证。我们称这些驱动因素为属性（附录 A 提供了完整的员工和客户属性列表）。

结果：我们确认了信任的主要驱动因素，即上述四个因素以及影响每一个因素分数的前四个属性（总共 16 个属性或信任建立行动）。

第三步：至此，依照统计结果来看，我们对这一新的衡量标准充满信心，不过我们希望确保它在“实际当中”同样有效。具体来讲，为了确认信任和忠诚之间的关系以及为了验证这一标准的有效性，我们希望确保这些问题是易用的。为此，我们与一家全球领先的航空公司进行了合作，该公司定期在航班完成后对客户进行回访，以了解他们根据自身体验推荐的可能性。该航空公司在现有问题的基础上增加了“四个因素”问题。这一新衡量标准的简单性使得这项工作易于开展，且几乎不需要多少时间便可获得约 5000 个回复。我们对这项工作的分析证实了该新标准的有效性（我们看到推荐等目标行为发生的可能性与信任之间存在很强的相关性）、易用性以及信任与忠诚之间的线性关系。换言之，忠诚度会随着信任的增加而增加，反之亦然。该航空公司首席客户官对这项工作进行了高度赞扬，他表示："多年来，我们一直在衡量客户推荐的可能性，但我认为 HX TrustID 分数在此刻更好地契合了这项工作。"

结果：我们发现 HX TrustID 在市场上相对容易使用，同时证明了它与客户行为，特别是与忠诚行为的相关性。

第四步：我们已在统计学上和"实际当中"证实了 HX TrustID 的可行性。现在是时候进一步完善每个因素的基本属性并了解重要类别（如行业、人口统计特征和员工类型等）的关键细微差异了。为此，我们收集了 10 多个行业近 500 个品牌的约 20 万客户的信任分数和行为数据。为了收集纵向数据，我们对 50 名员工进行了定性研究，并在 12 个月内进行了另外两项员工研究，共涉及 11 000 名受访者。我们还验证了每个因素的多个定义。接下来，我们继续研究了那些对行为最具预测性（因而也最有意义）的因素。这就是为什么我们对客户和员工的定义（如上文所述）略有不同的原因。我们评估了客户信任和员工信任之间的关系（第 7 章将进一步讨论）。此外，通过在具体环境（如行业）中验证哪些属性或信任建立行动更重要，我们继续使"四个因素"在客户信任与员工信任方面更具可操作性（第 8 章将对此做详细介绍）。与此同时，我们开始与自己的团队一起在我们的组织中使用 HX TrustID，并与客户开展合作，这既是为了继续演进和确认我们的衡量平台，也是为了了解如何进行干预以建立信任。我们与 50 多个高管团队进行了交流，并在市场上进行了 6 次试点。我们还着手演进我们的衡量框架，使之从衡量向预测转型，我们与《华尔街日报》密切合作并验证了这些结果。第 3 章将对此做深入探讨。

结果：我们在品牌层面和行业层面建立了对信任的深入了解。我们还建立了绩效基准来帮助领导者了解其组织相对绩效。我们继续利用越来越多的数据来考察 HX TrustID，同时强调了这一衡量标准的重要性。

第五步：接下来，是时候进一步“让这个新的衡量标准有意义”了，同时证明这四个因素既能影响人类行为，又能影响组织表现。公司能否生存取决于其盈利增长能力。我们知道，只有当我们能证明建立信任与财务表现之间有联系时，建立信任才有意义。这一次，我们重点关注以下问题：**客户 HX TrustID 分数较高与较低的组织所获结果之间有何不同？**为此，我们启动了一项为期一年多的新研究，我们在该项研究中使用了基准数据集，并增加了与品牌有关的公开财务表现数据。在仔细评估后，我们在数据集中选择了上市公司股东总回报来代表组织领导者所关心的结果。

正如我们预期的那样，HX TrustID 分数高的组织在很大程度上优于同行。具体来讲，客户 HX TrustID 分数高的组织其总市值要比同行高出四倍。此外，我们的模型显示，如果各行业中的组织将其综合客户 HX TrustID 分数提高 1 分（例如从 40 分提高到 41 分），则其预期股东回报率会提高 4%。在金融服务业，股东回报率增长了 22%！并且，这些预期回报只会随着信任的增长而增长。如果一家公司将其分数从 60 分提高到 61 分，那么其预期股东回报率将增加 6%。现在，我们真的很激动，希望你也同样激动。我们的研究和分析表明，我们的新衡量标准不仅可以预测客户和员工的信任水平，而且还与有意义的财务结果相关。

结果：我们可以证明，利用 HX TrustID 衡量的信任是驱动组织财务价值增长的强大动力。

客户 HX TrustID 分数高的组织其总市值要比同行高出四倍。

至此，我们确信我们拥有了一个简单、有意义和可操作的衡量标准。但现在我们遇到了新的问题：了解信任分数能帮助领导者真正建立信任吗？我们的信任衡量框架与其他已经广泛使用的衡量框架（如净推荐分数）有何不同？在下一章中，我们将分享我们在构建新的信任衡量框架时所面临的一些最大挑战。

第 2 章
努力建立信任

本章将讨论：

- 信任赤字
- 信任挑战

我们发现，关于信任，有非常多的东西很难。我们之所以会有这种感觉，是因为我们确实写了本关于信任的书！首先，几十年来，人们的信任水平一直在下降。在本章中，我们将分享我们在努力理解信任、衡量信任和建立信任时遇到的一些问题。从定义上讲，就像赢得信任或失去信任的人一样，信任本身也具有人的和混乱的一面。如今，社会信任出现了我们称之为“信任赤字”（即人们之间的不信任多于信任）的巨大鸿沟。为走出这一鸿沟而进行的信任衡量和信任建立给人以望而生畏的感觉。

信任赤字

多年来，美国人对机构的信任度一直在下降。调查公司盖洛普（Gallup）发现，自其 1973 年开始研究这一问题以来，美国人对所有 14 类核心机构的信心都有所下降。这些机构包括宗教组织、劳工组织、国会、总统、最高法院、大企业、小企业、公立学校、医疗系统、银行以及刑事司法系统等。绝大多数受访者认为，这种信心的下降使得社会问题的解决变得愈发困难。

当你读到这里时，我们愿意打个赌，你可以从自己的生活中找出许多你对个人和机构失去信任的例子（我们当然也可以）。让我们以教师为例，对我们两人来说，教学是在家庭中进行的。

阿梅莉亚的妈妈是她六年级时的数学和科学老师。有很多个晚上，阿梅莉亚都看到妈妈在阅卷和制订课程计划。阿梅莉亚甚至会在周末和妈妈一起去学校为她的教室制作拼花图案和公告板。

阿什莉的妹妹琳赛（Lindsey）是一位高中生物和遗传学老师，为了促进学生们学习，她花了很多课外时间（和自己的钱）来开发创新课程。例如，琳赛为她的课堂设计了一个将遗传学带入生活的实验。她购买了美西螈（一种鳃在体外的墨西哥蝾螈）蛋、水族箱和设备。她将这些材料提供给了每一组做实验的学生，并让每组学生跟踪蝾螈从卵到幼体的发育过程。在观察蝾螈的生长过程后，学生们识别出了蝾螈从其父母那里继承的遗传特征。

这种类型的教学是在传统教学时间以外对个人时间、思想和精力的非凡投资。也许这不是常态（我们认为阿什莉的妹妹和阿梅莉亚的妈妈都是特例）。但我们知道，作为一个整体，教师的工作时间比付他们薪水的时间多。许多教师在课余花了大量时间来制订课程计划和阅卷，平均每年工作 275 天，而工资却处于兼职水平。相比之下，典型全职员工每年的工作时间为 261 天。

根据盖洛普的数据，教师是第三大最受信任的职业，仅次于医生和护士。然而，管理层往往不信任教师达到了最低工作时数。无论老师是否有课，许多学校都会监督他们何时到校。尽管清楚老师全年的课余付出，学校也仍会对他们的在校规划天数做出要求。在一些情况下，老师们喝杯咖啡都得要登记。如果我们就是这样对待我们受信任的老师，少付他们工资，并密切监控他们的行动，那这对其他没有从事最受信任职业的人意味着什么呢？

这意味着我们的信任出现了赤字——即不相信人们会有可靠表现、会出色地工作、会在犯错时保持公开透明以及会表现出人性化和同理心，这是一种持久的、侵蚀性的看法。更重要的是，这种信任赤字会产生现实影响。经济学家保罗·扎克（Paul Zak）和史蒂芬·奈克（Stephen Knack）发现，如果一个国家持“大多数人都可以信任”这一看法的人增加 15%，则该国的年经济增长率将提高整整一个百分点。在有不信任传统的地方（即使是像德国东部和西部这样的现代例子），信任度较高地区的经济表现都会更好，因为人们在购买、雇用或合作之前不必左思右想。如果你把这一数学运算公式运用到今天的美国经济中，你会发现，如果持“大多数人都可以信任”这一看法的人增加 15%，美国每年的 GDP 就会增加 2080 亿美元。

在美国，如果持“大多数人都可以信任”这一看法的人增加 15%，美国每年的 GDP 就会增加 2080 亿美元。

信任挑战

当我们开始设计一个衡量客户和员工信任的框架时，我们遇到了很多挑战。接下来，我们将分以下四个方面来讨论。

- 期望很重要。
- 信任是碎片化的。
- 信任很难衡量。
- 建立信任很难，而失去信任很容易。

我们没有因为这些信任难题而气馁，而是试图逐一应对并破解，透明地承认我们能够掌控和不能掌控的信任本质。

期望很重要

20 世纪 90 年代热播的电视节目《老友记》（*Friends*）中有一集叫《罗斯和瑞秋分手的地方》。在这一集中，瑞秋（Rachel）建议罗斯（Ross）暂停和她的长期关系。罗斯很快就有了一段风流韵事，他认为这是可以的，因为他与瑞秋的关系暂停了。瑞秋因此很愤怒，并感觉很受伤，认为是罗斯违反了"关系规则"，而罗斯则认为是瑞秋改变了游戏规则。那到底是谁破坏了信任呢？双方相互指责，就像在信任遭破坏时常见的那样。如果我们仔细观察，我们会发现是他们心照不宣的期望导致了信任崩溃，因为期望对于建立信任很重要。

与罗斯和瑞秋一样，现实生活中的人们会进入具有不同期望的关系——与他人的关系和与组织的关系。期望是信任的基础，不同的人有不同的"期望设定值"需要满足。

航空公司就是个很好的例子。当你深入观察高频旅客和低频旅客群体时，你会发现，不管是哪家航空公司，高频旅客的信任水平都要高于低频旅客。在图 2-1 中，高频旅客的综合客户 HX TrustID 分数是低频旅客的两倍多。为什么？因为高频旅客知道该期待什么，他们知道航班可能会延误、天气可能会不好、飞行途中可能会遇上湍流，等等，但他们不一定会基于这些问题来区分航空公司。而低频旅客有过一次糟糕的飞行经历（如令人不适的空气湍流或错过转机）后，就可能会感到失望，并会因为期望和实际体验之间的较大落差而失去对某家航空公司的信任。高频旅客是航空公司最重要的客户，所以你会看到这些公司非常重视提供不受不可控因素影响的飞行体验。这创造了一系列期望，这些期望比仅依靠航线和价格（从历史上看，航线和价格是驱动买票选择的主要因素）更强大。客舱中不同舱位的乘客或多或少都提出了舒适度和便利度要求，这同样也设定了不同的期望，进而划分了不同的航空公司品牌。

无论他们对航空公司的忠诚度如何，高频旅客和中频旅客的信任度分数都高于低频旅客

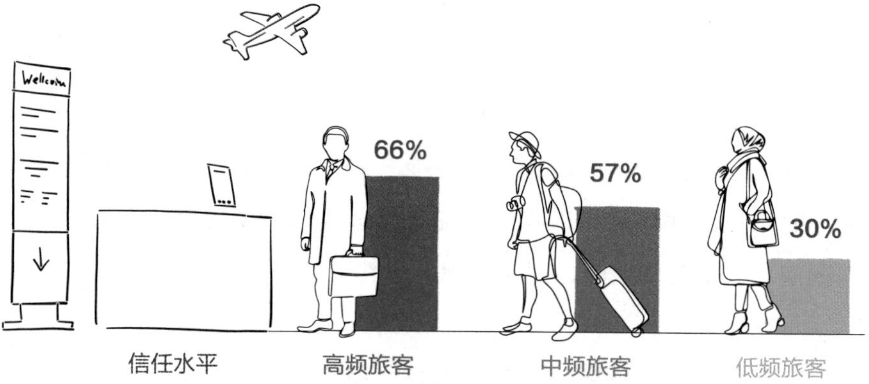

图 2-1

信任也是高度个人化的。很少有人对信任一个组织或品牌持完全相同的标准，就像罗斯和瑞秋一样，每个人对信任的体验都带有主观性。例如，两个人可能会购买同一款承诺“舒适耐用”的跑鞋，但对“舒适耐用”却有着截然不同的理解和期望。如果其中一个人是位跑步爱好者，“耐用”可能意味着鞋子起码在 3 个月后才会磨破。而另一个人是穿着这双鞋去一家大卖场上班，他只关注自己站了 8 个小时后的感觉。最终，这两个人可能都会信任这个品牌，或者在某种程度上都会感到失望。除非一个品牌同时考虑客户的体验和期望，否则不可能与每个购买其产品的人都建立信任关系。

信任是碎片化的

信任是由数百甚至数千次互动组成的一系列独特体验，这使得它很难驾驭，也不可能“一劳永逸”地建立。以我们喜欢的一项日常活动（比如点咖啡）为例。当你第一次点美式咖啡时，它立马就做好了，而且热气腾腾。是的，你需要咖啡因，这次的体验很棒。第二次，你不得不排队等上 15 分钟，可当你最后点单时，咖啡师又把你的名字拼写错了，造成了不便并耽搁了更多时间，这次的体验很糟。当你第三次来到咖啡馆时，发现它因为恶劣天气关闭了。这又是一次糟糕的经历，尽管这次是受到了外部因素的影响。也许就在同一天，你读到了一篇认为咖啡生产会破坏地球环境的文章，这仍是一次咖啡馆无法掌控的糟糕体验。每种情况都有可能赢得或削弱信任。

虽然组织在掌控其所处环境方面能做的不多，但它们可以做很多来应对环境。例如，回到航班乘客遭遇湍流这件事上，虽然航空公司无法控制极端天气，航班也因此经常误点，但不管怎样，它们可以掌控信息流，可以提供合理的起飞时间更新，可以为需要重新预订航班的客户提供帮助以及零食或水等免费服务。同样，咖啡店也无法控制恶劣天气，但它们可以在网上发布营业时间并让顾客很容易找到，它们可以谈论它们正在做什么来减轻咖啡种植对环境的影响。这些姿态都展示出了透明度和人性化，因而会增进信任。

当组织着手赢得客户和员工的信任时，它们必须考虑每一次体验的复杂性和相互关联性。就像我们对咖啡店的描述那样，没人会期望一家小企业能抵消其产品可能造成的环境危害。但是，承认这些环保方面的考虑可以在使品牌表现出人性化的同时提高透明度，使客户更容易原谅名字拼写错误或因天气原因导致的关闭。

信任很难衡量

与信任有关的潜在偏差陷阱普遍存在，而且由于以下三个主要原因，信任可能很难衡量。

（1）无意识的决策

作为人类，我们在很大程度上依赖于既有模式来理解我们的环境。这就是为什么成年人不必每次都重新学习骑自行车，也不必每天重新安排早上上班的路线。事实上，人类有 95% 的认知是无意识的，这表明人们往往并没有清楚地理解自己的信任体验。也就是说，我们是下意识地做出信任这个人和这个组织而不是那个人和那个组织的决定。虽然无意识决策释放了我们的心智能量来完成其他任务，对人类而言大有裨益，但这会使行为科学家更难准确衡量我们下意识做出的决定。

（2）我们说的与我们做的

人类对未来行为的预测能力很差，我们发现很难对信任这样的深奥概念进行定量评估。开拓性的人类学家玛格丽特·米德（Margaret Mead）有句名言："人们说什么、做什么和谈论他们做什么是完全不同的事。"你有没有告诉过别人你只吃水果当零食，而实际上你常在下午吃饼干？我们习惯称这为"下午茶偏差"。例如，在最近的选举周期中，政治民调机构就备受这种不可靠性的困扰。

（3）调查偏差

众所周知，调查中存在"自我选择"和"自我审查"现象。某些人（如那些对产品有过特别好或特别不好体验的人以及受过良好教育、富裕的人）要比其他人更有可能对调查做出回应。因此，他们的意见可能会被高估。此外，人们会受到他们最近听到的关于某个品牌的事、他们上次的经历、特别激烈的互动甚至他们在被问到时的感受的影响。即使是一个人在被问及调查问题当天的压力水平也可能会扭曲结果并产生偏差。最后，确认偏差和形象管理（告诉民调机构我们认为它们想听的或者我们希望相信但实际上并不相信的东西）等因素也在起作用。这些形式的调查偏差对其他体验衡量来说同样是有问题的。这也是我们专注于预测信任（稍后将讨论的另一个概念）而不是调查信任的原因。

为了克服这些障碍，我们观察了人们的实际行为，而不是他们无意识做的、认为他们会做的或者认为我们想从他们那里听到的行为。第 3 章对此做了更详细的讨论。

建立信任很难，而失去信任很容易

我们发现，导致信任很难建立的原因有很多，部分如下。

（1）言行要体现出一致性和人性化

信任与你说的和做的有关，即做出良好的承诺并信守承诺。人们不会信任说一套做一套的人或组织。建立信任需要的不仅仅是表现出真实的一面。人们希望同你的交流能够证明你懂他们、了解他们的欲望和信仰并尊重他们。要建立一种积极、可信的关系，你的言行就必须一致，而且这些言行必须能解决对方关心的问题。否则，这种关系就是交易性的，与信任无关。我们从经验中得知，不能只是告诉我们的团队，要重视幸福并鼓励他们放下工作，我们还必须表现出我们也愿意这样做。例如，阿什莉告诉她的团队，她下午 5 点到 6 点都不在，为的是让她有时间专门陪家人共进晚餐。同时，这也是在向她的团队表明，他们同样可以优先考虑对自己重要的事情，比如晨跑或送孩子上学。

（2）建立可能会很快失去的东西非常难

有时候，失去信任的原因显而易见，如个人或品牌发布虚假声明。而在其他时候，原因可能更为微妙。无论哪种方式，如果某样东西能很容易就被打碎时，那么一块砖一块砖地精心建立起它就会非常难。20 世纪 80 年代推出的“新可乐”产品就是个典型例子。在当时，由于消费者偏好的变化和其知名度的下降，旗舰品牌可口可乐在竞争中失去了市场份额。为了重振其市场，可口可乐公司在大规模口味偏好测试的基础上调整了可口可乐配方。新产品于 1985 年 4 月 23 日推出。但是到 6 月份，该公司收到的电话投诉量就接近了之前投诉量的四倍。一下子冒出了多个抗议团体，人们甚至开始在地下室囤积原配方的可口可乐（多达 900 瓶！）。7 月，可口可乐公司宣布重新启用原配方，这几乎登上了美国所有新闻报纸的头版。在产品盲测中，新配方可乐可能会受到消费者喜爱，但该公司没有足够重视消费者对该品牌的情感依恋，因此，它不得不花大力气安抚消费者并重建信任。这一事件还使得可口可乐公司富余了超过 3000 万美元（约相当于现在的 8000 万美元）的新可乐浓缩液。然而，可口可乐至今仍是全球最有价值的软饮料品牌，这表明它的信任重建很成功。

当我们思考“建立一种很容易失去的东西非常困难”这种现象时，脑海中便浮现出了西西弗斯（Sisyphus）的样子。在古希腊神话中，宙斯（Zeus）惩罚西西弗斯，强迫他把一块巨石推上山，目的却只是为了让石头滚下山，然后再推上山，滚下山，直到永远。我们认识到，建立信任有时也会使人有种徒劳感，因而会出现信任赤字。我们也有过这种感觉。

接下来，我们会考虑这样一个事实：我们可以选择是有意识地还是无意识地建立信任，并且我们可以选择如何去做。尽管会以很人类的方式犯错，但当面对这些选择时，我们仍会一次又一次地选择努力建立信任，因为我们愿意成为与个人和组织信任关系的一部分。我们选择使用新的工具来帮助我们更有效地建立信任，而不是盲目地把同一块石头推上山。

在下一章中，我们将详细介绍组织如何使用 HX TrustID 来衡量信任水平和预测信任分数，以及信任四因素如何帮助组织理解在其承担近乎西西弗斯推石头式的信任建立任务时应采取什么行动。

第 3 章
忠诚之道

本章将讨论：

- 忠诚与信任之间的关系
- 案例：《华尔街日报》

阿什莉在俄亥俄州克利夫兰市南部长大，从小就是体育迷，她担任过当地棒球队——布朗队（Browns，现在叫“守护者队”）的领座员，并会在每个周日都去为伯尼·科萨尔（Bernie Kosar）和布朗队呐喊助威，只不过她的球队输多赢少。1995 年，球队老板阿特·莫德尔（Art Modell）申请将布朗队迁离克利夫兰。包括阿什莉在内的“资深”球迷听闻此消息后都震惊不已，认为这是在公然“偷走”他们的球队，他们对此十分愤怒。就连克利夫兰最狂热的对手和“橄榄球敌人”——匹兹堡钢人队的球迷也都表示了抗议。克利夫兰市议会还为此举行了听证会。在接下来的法律诉讼中，克利夫兰市争得了保留队名和队旗的权利，而莫德尔则实现了在 1996 赛季将球队迁离的目标。然而，像阿什莉这样的资深球迷失去了对这支球队的老板的信任，几十年来，他们对球队的忠诚一直受此影响。

布朗队老板“偷走她的球队”这件事使阿什莉痛苦地认识到了忠诚与信任之间的关系。如果信任遭到破坏，那忠诚就会随之失去；反之，如果建立了信任，那忠诚之道就会水到渠成。在克里夫兰布朗队迁离后不久，阿什莉的叔叔、同为布朗队球迷的弗雷德·赖克赫尔德出版了他的第一本书《忠诚效应》。阿什莉记得，她父亲（弗雷德的哥哥）在这本书发行时曾向弗雷德提议，说他应该向布朗队球迷特别推销这本书。最终，弗雷德在克利夫兰的书店销售的这本书上贴了张橙色便利贴，上面写着“阿特·莫德尔会讨厌这本书”。2006 年，弗雷德又出版了《终极问题》（*The Ultimate Question*），书中介绍了确定客户或员工“推荐意愿”的“净推荐分数”（NPS）。很多时候，阿梅莉亚喜欢拿阿什莉寻开心，总是问她是否用 NPS 来“评估”大家庭晚餐，例如“你愿意向家人推荐这些土豆泥吗”。现在，NPS 已成为业界用来衡量客户忠诚度的标准。《财富》500 强企业中有 2/3 采用了 NPS，剩下 1/3 中的大多数也都采用了类似标准。许多《财富》500 强公司的高管的一部分薪酬是与 NPS 分数挂钩，他们的实际收入取决于 NPS 评价结果。

忠诚与信任之间的关系

需要明确的是，我们始终坚信忠诚的价值。在弗雷德看来，NPS 不仅是一个衡量框架，而且还是一种可用来呼吁企业爱护客户的理念。我们的目标是提升人类体验，这意味着要爱护所有人。我们认为，信任是提升体验和实现忠诚的前提。当我们着手建立衡量信任的标准时，我们很感激弗雷德所做的开创性工作。

NPS 框架中有些东西是我们最喜欢的。首先，NPS 本身的简单性令人印象非常深刻。这种简单性在很大程度上源于它的易理解性和易用性。第二，NPS 是开源的。任何想要利用 NPS 问题的人都可以这样做。第三，虽然 NPS 最初是作为衡量标准开发的，但为了帮助企业衡量、了解管理结果并根据结果采取行动，弗雷德将其发展为了一种管理框架。第 9 章讨论了我们自己的体验引擎，在那里你同样会看到这种逻辑。

我们认为，信任是提升体验和实现忠诚的前提。

然而，NPS 的开源创新和广泛使用面临着挑战，因为它可能导致滥用并误导实践。弗雷德在其发表于《哈佛商业评论》的《净推荐分数 3.0》一文中对这类实践进行了细分并发出了警告。在那篇文章中，他写道："遗憾的是，自我报告的分数和对 NPS 框架的误解造成了混乱，降低了其可信度。没有经验的从业者滥用了 NPS，他们将净推荐分数与一线员工的奖金挂钩，从而导致这些员工更关心自己的分数，而不是去学习如何更好地为客户服务。"我们在现实生活中也遇到了这种情况。例如，阿什莉经常提到她购买最新款家用汽车的经历，销售代表要求她在 NPS 调查中对每项评价都给满分（10 分），因为这将直接影响他的薪酬。阿什莉很伤心，最终选择不提交该调查。顺便说一下，弗雷德也有过同样的经历，他也选择了不回应。

我们着手建立了一种与 NPS 互补的衡量框架，并从好的方面（20 年的成功）和不好的方面（对 NPS 框架的误用或滥用）汲取了经验教训。我们设计了易用的 HX TrustID，并向想要利用问卷问题的所有人开放。正如第 1 章所述，我们专注于创造一些可立即实施并可与行为和财务结果直接挂钩的东西。此外，我们还努力限制潜在的调查偏差和操纵行为。虽然我们最初是使用调查工具来询问客户和员工对四个问题的看法，但进一步地，我们能根据实际行为而不是客户和员工自己说的他们将来要做什么来预测行动。利用这种方式，我们无须再继续通过向小样本发放调查问卷来获得结果（尽管我们有时候确实需要通过问卷调查来更新和重新训练模型）。运气好的话，大多数组织可能会收到 5% ~ 10% 的客户填写的调查问卷。基于这 5% ~ 10% 的客户来建立预测模型（每年 1 ~ 2 次）意味着，我们可以针对整个客户群而不仅仅是回答调查问卷的小部分客户进行信任分数预测。此外，我们的算法还能避免销售人员对数据进行干预。

我们还想证明：信任是实现忠诚的关键一步。我们的分析表明，信任与忠诚度（用 NPS 衡量）之间呈线性关系（见图 3-1a）。NPS 会随着信任的增加而增加，随着信任的降低而降低。可以认为，NPS 与 HX TrustID 密切相关。

在更深入的分析中，我们发现：能力和可靠性与 NPS 密切相关。虽然人性化和透明度也与 NPS 相关，但两者之间的相关性要弱一些（见图 3-1b）。这个发现很重要。我们在第 1 章中了解到，关键行为（如原谅错误以及在社交媒体上发声辩护的意愿）受人性化和透明度驱使。因此，这意味着 HX TrustID 为领导者增添了重要见解，而这些见解有助于他们采取行动来获得更高的忠诚度结果。

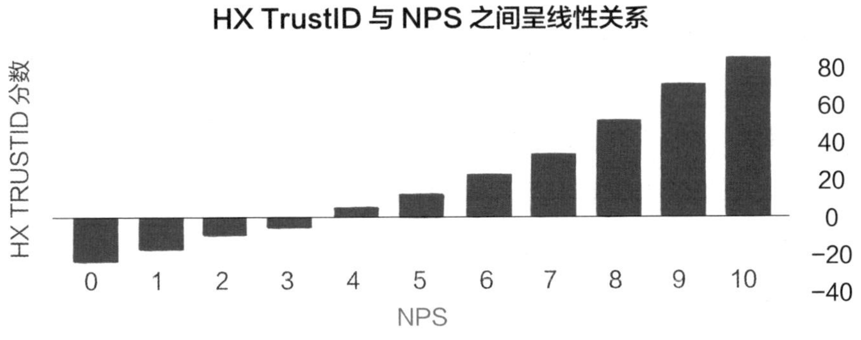

图 3-1a

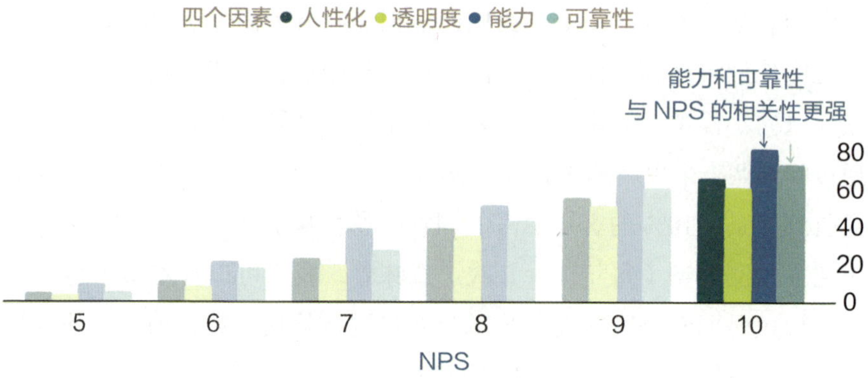

图 3-1b

我们来看个例子。图 3-2 显示了两名可能具有相同推荐分数（关于第一个 NPS 问题）的某航空公司乘客。乘客 A 认为这家航空公司能力很强，也很可靠，但还需要在人性化方面进行改进。特别是，这名乘客关注环境，希望看到该航空公司在可持续性努力方面的改进（分项分数体现了这一点）。而乘客 B 虽然可能具有相同的推荐分数，但其给出的可靠性评分明显低于基准。我们通过航班数据了解到，这名乘客在上一次航班中因机械问题在停机坪上足足等了两个小时。虽然两名乘客都有相同的推荐意愿，但建立信任和忠诚所需的行动却不同。乘客 A 需要了解该航空公司如何补偿碳排放，而乘客 B 则需要得到真诚的道歉和保证，对乘客 B 来说，航班准点才是头等大事。

至此，我们了解到，信任与忠诚直接相关，建立信任会提升忠诚度。我们还知道，构成 HX TrustID 的四个因素有助于从细微处着手，获得有价值的见解，从而对建立忠诚背后的原因做出解释。而且，我们知道 HX TrustID 与财务结果相关。接下来，我们想通过一个真实案例来复活信任，该案例源于一个信任在其中很重要的行业。

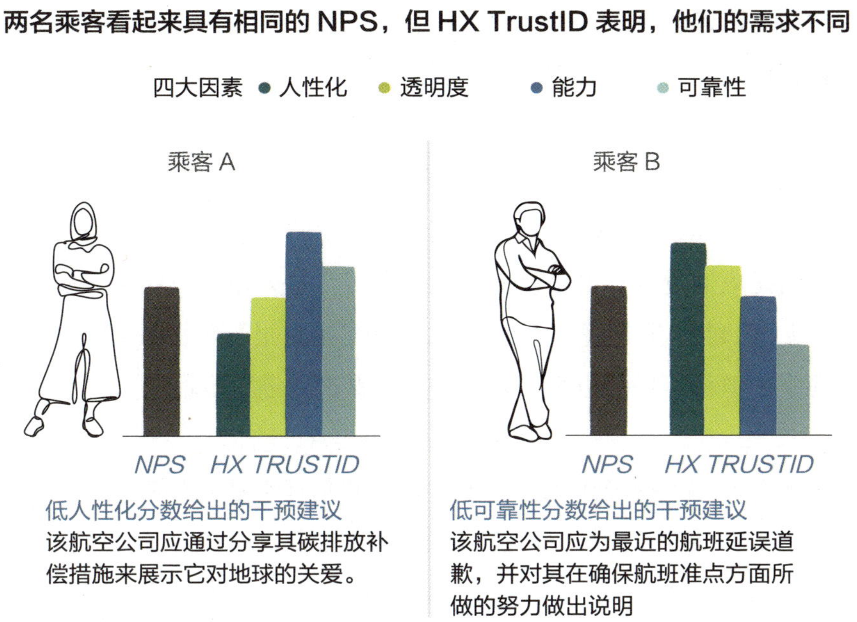

图 3-2

案例:《华尔街日报》

下面是一个 HX TrustID 如何起作用的真实案例。

从我们第一次见到道琼斯公司首席执行官兼《华尔街日报》发行人阿尔马尔·拉图尔（Almar Latour）的那一刻起，他就在强调“信任”对于《华尔街日报》办刊宗旨的重要性。他将信任描述为促进公司文化及业务发展的一种风气和关键驱动因素，并说:“我们的座右铭是‘真相至上’。从新闻编辑室开始，这句座右铭贯穿了整个报社，包括我们的工作方式和运营方式。这为《华尔街日报》和道琼斯公司创造了自新闻集团（News Corp）15 年前（2007 年）收购它们以来最强劲的经营业绩。信任对于回答我们是谁以及我们未来的发展都至关重要。”

在给读者的一封信中，拉图尔表示："我们的目标是成为世界上最可信任的新闻来源。我们坚持事实，承认并纠正我们所犯的错误，我们只有在采访对象同意的情况下才会报道。我们会用数据来支撑我们的结论。"

拉图尔和《华尔街日报》认识到，读者的信任是无法靠保证获得的，而是应通过努力去赢得，这一点在当今星火燎原和变革不断的氛围下尤其如此。通过坚守最高标准，《华尔街日报》在其 133 年的历史中建立了值得信任的声誉，它将致力于保护并进一步增进来之不易的信任。

多年来，《华尔街日报》一直在对客户信任水平进行衡量，但之前的衡量工具并没有提供一种机制来理解导致客户现有信任水平背后的原因。如果不知其所以然，那它就很难确定自己应采取什么行动来进一步建立人们对品牌的信任。阿图尔和《华尔街时报》团队将信任细分为多个方面来考虑的能力为他们创造了孜孜以求的行动机会。"信任真的很复杂，对不同的人意味着不同的东西。我们经常提及'信任'一词，该词背后有很多值得细品之处。即使像《华尔街日报》这样因其报道质量和对真相的承诺而深受信任的品牌，也开始从能力、可靠性、人性化和透明度四个方面来思考信任，并强调这些方面存在着提高工作效率的机会。"

HX TrustID 帮助《华尔街日报》了解了其客户信任水平衡量结果背后的原因，以及他们如何才能专注于建立人们对自身品牌的信任。这一切都是为了使信任变得可行，使信任背后的原因和方式为人所知。

以下描述了我们在衡量、预测客户信任水平并根据信任水平采取行动方面与《华尔街日报》进行的合作。

- 我们向约 1.6 万名现客户、前客户和潜在客户发放了包含四个问题的 HX TrustID 调查问卷，以便从人性化、透明度、能力和可靠性这四个信任因素出发来衡量客户的当前信任水平，同时识别出具有优势的信任因素以及提升信任水平的机会。

- 我们结合了 HX TrustID 调查（客户对品牌四要素的感受）与客户的行为数据（如客户浏览了哪些内容及其访问公司网站的频率）。在评估数千个潜在行为变量的过程中，我们创建了一种动态的信任衡量标准，调整了我们的专有算法，以预测客户信任分数并衡量这一分数随客户行为改变而变化的趋势。这意味着，通过调查公司的一小部分客户，我们可以预测数百万现客户及潜在客户的个性化信任分数。
- 然后，我们与《华尔街日报》合作推出了一系列“干预试点”，以测试哪些行动会提高信任分数。我们将干预措施设计为科学实验，并比较了每次干预下的信任分数相对于具有类似信任分数的未干预对照组的变化。然后，我们将试点中行之有效的解决方案推广至了具有类似信任分数的所有客户。

作为一个值得信赖的品牌，《华尔街日报》一直在努力建立和维持客户信任，所以不应将这次试点视为创建更值得信赖的行动。相反，这是为了让《华尔街日报》团队了解哪些信息和活动对每个客户最有影响力。这使得《华尔街日报》可以向客户展示：“我们花了很多时间来了解你是谁以及对你来说很重要的东西，也正因为如此，我们很希望与你分享这些个性化的信息。”

以下是与基于信任的干预措施有关的两个例子。

- 为了提高透明度，《华尔街日报》开展了一系列数字营销活动，以提醒读者关注其会员服务（如填字游戏、播客）的广度以及与朋友和家人分享有趣内容的能力，他们无须付费便可以阅读这些内容。

- 为了提高人性化程度，《华尔街日报》专注于推广现有内容，以确保报道的广度涵盖了读者本身，来使目标读者感到自己被重视（也在其中）。对一些人来说，这意味着分享一份关于气候变化的最新特别报告；而对另一些人来说，这可能包括分享一位家庭和技术专栏现任作家的专栏文章。

因此，客户信任水平提高了。HX TrustID 算法针对低信任分数客户（流失风险最高）的有效性提高了三倍。我们看到了该算法对信任及其他重要指标的显著影响，如：

- 根据我们的模型预测，信任分数增长了 33%。
- 网站流量增长了 14%（与对照组相比）。
- 预测用户流失减少了 5%（与订阅媒体有关的一个关键指标）。

为什么以这种方式建立信任对净利润很重要？新闻媒体公司主要通过两种方式赚钱：订阅和广告收入。留住现有客户比赢得新客户更有效，因此留住订阅用户有利于净利润增长。在广告方面，提高对网络渠道和 App 的利用率可以增加直接的广告营收并提升品牌价值。

该项试点表明，我们能根据行为来创建动态的信任衡量标准，并可动态地预测和衡量信任分数的变化。这使我们能够了解到行为的实时影响。只需调查一次，我们便可预测信任、改变行为并推动对《华尔街日报》及其客户来说至关重要的结果发生。

在后续章节中，我们将展示不同行业中的受信任组织是如何根据这些因素来引导行动中的资源流向的。我们现在注意到的是，**信任赢**

得者（拥有超高信任分数的组织）在所有四个因素上都表现出色。

弗雷德认为，唯一的制胜目标是爱你的客户。而我们认为，信任应该在确保客户感到被爱方面发挥至关重要的作用。弗雷德的研究发现，仅 10% 的企业领导者表示，使客户活得更好是其公司的首要目标。对我们来说，这个方面还存在巨大的差距。也就是说，如今只有一小部分公司值得它们的客户信任。

阿什莉常被问及：赖克赫尔德大家族的聚会是否会涉及信任与忠诚重要性的辩论？对此，阿什莉认为，虽然信任并不比忠诚更重要，但它是获得忠诚的最重要途径。当阿什莉向弗雷德介绍“建立一种新的信任衡量标准”这个想法时，弗雷德说：“我希望信任、爱和忠诚成为赖克赫尔德家族遗产中永恒的元素。我的整个职业生涯都在描写忠诚和爱，我很高兴你将描写信任。”

第 4 章
最受信任的组织

本章将讨论：

- 信任与表现
- 最受信任的
  - ☆人性化领导者
  - ☆胜任力领导者
  - ☆信任赢得者

《华尔街日报》向我们证明了：一个组织可以将我们对信任的衡量从预测转化为行动，并最终转化为有意义的结果。但是现在有了令我们好奇的新问题：哪些品牌最受信任？我们能向这些品牌学些什么？

信任与表现

在我们的研究中，最受信任品牌有个共同点，即**“信任赢得者”**

在所有四个因素上都有上佳表现。它们在意图（人性化和透明度）和胜任力（能力和可靠性）方面都很出色。事实上，信任赢得者的 HX TrustID 平均分数两倍于我们数据集中组织的平均分数。

图 4-1 显示了高胜任力分数和高意图分数是如何产生高信任分数的——这其中的线性相关性与你的预期相符。稍微再观察仔细一点，可以看到，最受信任品牌的意图分数和胜任力分数之间的差距比最不受信任品牌大。这意味着高信任度品牌在“四个因素”方面表现出了更大的变化性，同时也表明有多条途径可以赢得信任并成为最受信任品牌之一。一个组织（如豪华汽车品牌）可能会通过令人难以置信的胜任力但不怎么人性化的方式来获得信任。其他在人性化方面表现出色的组织（如医疗保健组织）的可靠性分数可能略低（在候诊室待的时间较长），但它们的人性化优势提高了其整体信任分数。

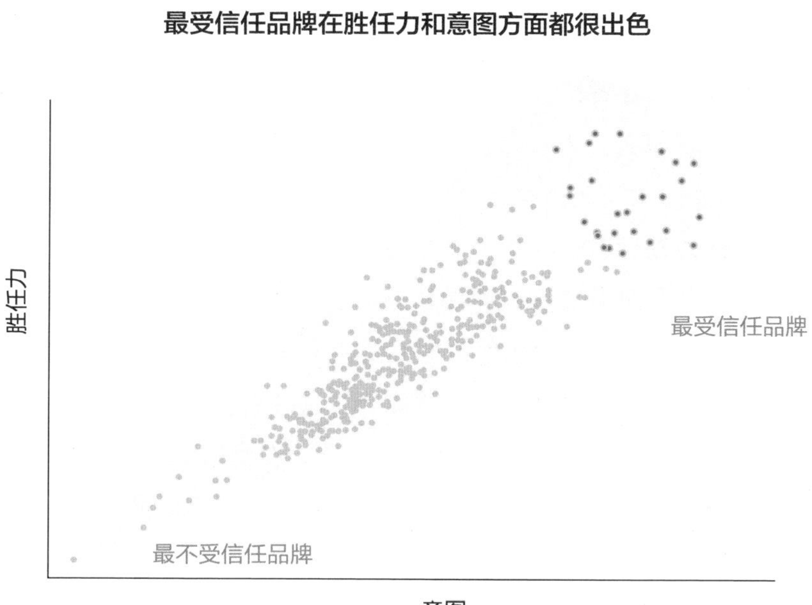

图 4-1

相反，如图 4-1 中左下角所示，最不受信任品牌缺乏变化性。人们认为这些品牌在所有四个因素上的表现都很差，而这可能是因为这些品牌既没有胜任力，也没有良好的意图，或者是因为存在拉低所有分数的严重失信行为。

我们没有从数据中观察到一些大的异类品牌（如胜任力分数很高而意图分数很低的品牌）出现。**简单来讲，如果在某个因素的信任测试中失败，那么你不可能期望通过其他因素方面的优势来赢得信任。**

最受信任的

当我们根据图 4-1 右上角分析哪些品牌最受信任及其原因时，我们在图 4-2 中发现了三类最受信任品牌。

- **人性化领导者：**人性化领导者这类品牌在向客户展示人性化方面表现出色。人性化领导者的人性化分数约为普通组织的两倍（图 4-2 右下角蓝绿色聚类）。
- **胜任力领导者：**胜任力领导者这类品牌在通过结合能力和可靠性来提供胜任力方面非常出色。胜任力领导者的能力和可靠性分数几乎是普通组织的两倍（图 4-2 左下角蓝色聚类）。
- **信任赢得者：**最受信任品牌在胜任力（能力和可靠性）和意图（人性化和透明度）方面均表现出色。在我们的数据集中，这些品牌的综合信任分数最高（图 4-2 右上角橙色聚类）。

在绘制最受信任组织图时，我们发现，人性化领导者、胜任力（能力和可靠性）领导者以及信任赢得者在透明度方面均表现出色。有意思的是，虽然仅靠透明度并不能使品牌获得信任，但我们发现，往往正是这种“缺失的要素”可将对品牌的信任水平提升至最高。品牌显现的模式讲述了一个围绕客户期望及体验的重要故事。

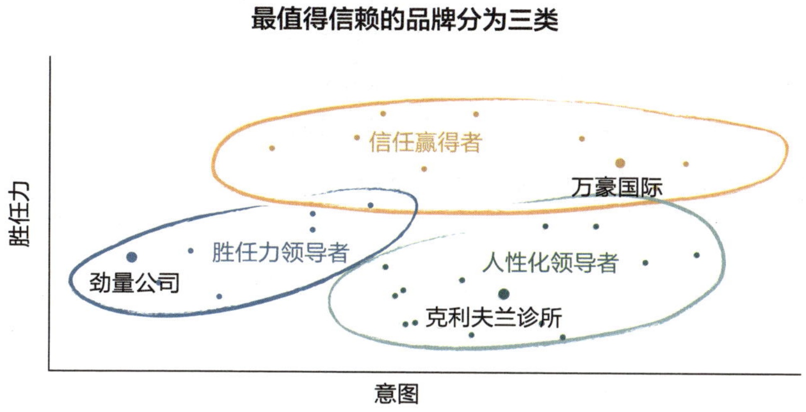

图 4-2

人性化领导者

要让客户信任你，首先要认识到他们是人并将他们作为人来看待。最人性化的品牌是那些接受以人为中心的设计原则并对客户、员工和合作伙伴特别有同理心的品牌。我们可以从“人性化领导者”聚类中的组织身上学到很多关于传递人性化意味着什么的知识，该聚类包括医疗保健、科技、旅游及酒店等行业的组织。

克利夫兰诊所是一家有着百年历史的医疗保健公司，是人性化领导者聚类中的一个优秀代表，其人性化分数是平均水平的两倍。在一个受到高度监管、非常强调安全的行业中，人性化帮助克利夫兰诊所提供了具有区分度的患者体验。当患者进入医院时，他们希望在安全的环境中得到专业治疗。他们等了多长时间、他们的问题是如何得到回答的以及当他们在明显感觉身体不适时的放松程度，以克利夫兰诊所为代表的人性化领导者在这样的时刻都表现得与众不同。

此外，克利夫兰诊所还拥有一种以患者为中心的模式，该模式针对社区患者的实际需求而非医生的专业设计。克利夫兰诊所不是一家大型独立医院，而是一个满足其所服务社区需求的分层诊所网络。前总裁迪洛斯·M. 科斯格罗夫（Delos M. Cosgrove）医生观察到，作为一个专为社区设计的例子，“人口老龄化郊区可能需要一个糖尿病中心而不是一个新产科病房，但另一个郊区的需求可能完全相反”。

为提高人性化水平需采取的关键行动包括以下几个方面。

- 把人的安全感和满足感放在首位。例如，在权衡战略决策时，更强调人的需求而不是成本控制。
- 在合适的时间通过合适的渠道开展富有同理心的交流。疫情期间，许多医疗组织都改善了其与患者之间基于文本和应用程序（包括安全协议）的常规就诊交流。
- 在内、外部都强调以人为中心的举措，并将交流重点放在人的结果上。例如，更好的健康、更低的自付费用或者照管好慢性病儿童父母的日常生活。
- 表现出除了关心利润或组织需求外，你还关心个人。这体现在与客户、员工和合作伙伴的每一次互动中。

胜任力领导者

与那些通过人性化来培养信任感的组织不同，我们观察到一些品牌是通过反复展示胜任力来建立信任的。一次又一次地，这些品牌通过为客户和员工提供始终如一的最重要服务来建立声誉。我们知道，胜任力是由具有高能力和高可靠性的组织建立的。有哪个品牌比劲量公司及其不知疲倦的小兔子广告形象更能体现胜任力的呢?

劲量电池是总部位于圣路易斯的劲量控股公司旗下的一个创新电池品牌，拥有众多历史性的第一。该公司生产了第一块干电池和第一块手表电池，并且是第一家不使用汞来制造碱性助听器电池、第一家制造儿童防护包装、第一家使用可回收材料制造 AA 电池的公司。它们的终极锂电池在 2018 年创造了 AA 和 AAA 电池最长续航时间的吉尼斯世界纪录，这两种电池的电力都可以保持 20 年。

劲量公司的创新显然需要其具有化学和制造方面的胜任力。不过，劲量公司的战略侧重于品牌认知、产品性能、价格、零售执行和客户服务，所有这些品质都需要一系列不同的胜任力。市场营销必须设定合适的期望，使劲量品牌与竞争性的其他品牌和自有品牌相比时具有吸引力（小兔子提供了帮助）。供应链团队必须确保持续强劲的生产以及向零售店的按时交付。客户服务包括强大的系统集成和良好的人性化。除了创新，较高的胜任力分数还建立在一致性和可靠性之上。客户期望每一代产品都能保持这种一致性，而这需要在不牺牲前代产品可靠性的前提下始终提升性能。像可充电电池这样的新产品必须在坚持品牌质量的同时满足新客户的期望（比如比普通电池更环保）。组织可以从标志性的劲量公司小兔子身上学到很多东西，这只小兔子展示出了：劲量公司十分重视兑现承诺，并在不断取得进步。

能力建设策略包括以下几个方面。

- 协调整个供应链和交付链的质量控制措施，确保始终保持高标准的产品和服务质量。
- 使客户参与双向对话。让他们通过对他们而言最方便的渠道与你互动、反映问题并为他们解决问题。许多品牌通过社交媒体建立了强有力的消费者响应。例如，如果达美航空公司客户在达美航空的推特上抱怨问题，达美航空客服会直接回复，然后再发一条私信。这样做既可以帮助这名个人消费者，又可以向其关注者发出更广泛的信息：达美航空是有爱心的，是有问必应的。

- 投资于能够灵活应对不断变化的客户需求的工具、培训及基础设施。许多组织都在新冠疫情中展示出了这一点。例如，酿酒商宾三得利（Beam Suntory）在数周内便开始转产洗手液，从设施维护到风险管理的所有员工都根据该项目重新设岗，这个转变比你想象的要难很多。

可靠性建设策略包括以下几个方面。

- 通过数字渠道和店内专柜，带着客户看重的产品和服务与他们在“重要时刻”会面。利用数据工具来聚焦沟通，以使这些沟通与个人相关。
- 投资于平稳运行的数字互动平台，引导消费者轻松获取恰当的信息，并解决与消费者满意度相关的问题。想想你自己在有效的在线帮助系统与混乱的信息迷宫的对比体验吧。
- 快速解决问题。如果某个渠道（如某项在线客户支持功能）对客户不好使，那就迅速切换至其他渠道。人工服务热线成本可能很高，但如果能解决重要的客户问题，那就会建立信任。

信任赢得者

人性化领导者聚类中的一些品牌通过专注于更人性化来建立信任，而胜任力领导者聚类中的一些品牌则通过专注于胜任力来建立信任。但是，那些懂得如何实现所有四个信任因素，特别是如何实现透明度的品牌将会脱颖而出，成为信任赢得者聚类中的一员。在这个顶级聚类中，我们发现了一大群包括酒店集团在内的酒店业公司。万豪国际是一个旗舰品牌，长期以来以其一流的服务和设施著称，是信任赢得者之一。当门童领你进入一间漂亮的大堂并有知识渊博的前台工作人员和专业的礼宾服务在迎接你时，你会有很高的期望，而这些期望都会得到满足。不过，获得消费者的信任并不一定需要豪华服务。相反，获得信任与将消费者作为人来看待有关。其旗下的万怡酒店（Courtyard by Marriott）是信任赢得者聚类中服务价格相对较低的品牌，但在人性化排名中却特别靠前。在万怡，顾客并不期望拥有一间豪华套房。但他们知道，自己入住的房间会很漂亮，酒店的全体员工会一直很友好并乐于提供帮助。他们还知道，自己的体验会很靠谱，很有价值。不过，像万豪这样的信任赢得者的过人之处在于它们提供透明度的能力，万豪的透明度分数要比平均水平高出 66%。

透明度会让你变得脆弱（这是件好事）。

透明度会让你变得脆弱（这是件好事）。当某个品牌通过分享常被行业隐瞒的信息来暴露自己的弱点时，这表明该品牌相信消费者会公平地拿它和竞争对手做比较。消费者欣赏这种值得信任的脆弱性，并以对该品牌更大的信任度来回报这种透明分享。在消费者看来，这个品牌向他们吐露了一切，没有隐瞒什么，所以要信任它。例如，当你在 Marriott.com 上搜索预订时，你可以勾选价格（其中包括税费和度假费用）显示框。看起来，这可能只是个小细节（坦率地讲，我们希望看到这样的小细节成为默认选项），但考虑到竞争对手不愿意提供这些信息，所以这样一个选项就代表了对透明度的承诺。换言之，即使目前不是某个信任赢得者品牌的客户，人们也仍会认为这些品牌是高度透明的。当将信任赢得者聚类的潜在客户与所有品牌的潜在客户进行比较时，尤其如此。信任赢得者在具有“独特”透明度方面的分数比普通品牌高出近 80%。如果你是透明的，那即使是非客户也会注意到。特别是在向公众传递坏消息时，情况可能更是如此。

2020 年，当万豪国际不得不面对新冠疫情会严重冲击其业务的现实时，总裁兼首席执行官阿恩·索伦森（Arne Sorenson）向所有员工发送了一条视频信息，该信息明确说明了万豪目前面临的困境，他对这一点没有丝毫掩饰。

索伦森说："事实是，新冠疫情给公司业务带来的财务影响比 9/11 和 2009 年金融危机加起来还要严重和突然，我们在大多数市场上的业务都较正常水平萎缩了 75%。"在大幅缩减业务之前，索伦森宣布他在 2020 年不会领薪水，并且高管团队将减薪 50%。他声音颤抖地说："处于这个组织核心的优秀同事们所承担的角色正受到完全不可控事件的影响，没有什么比告诉他们这一点更糟糕的了。"

索伦森承认，他的团队很担心"他的新光头造型"，因为这预示了一种非同寻常的个人脆弱性。事实上，危机开始时，索伦森正在接受胰腺癌治疗，并在不到一年后的 62 岁时去世。要用通俗易懂的语言传达艰难的信息需要强有力的、富有同理心的领导（第 10 章将讨论这种透明的领导是如何建立信任的）。

提高透明度的关键行动包括以下四个方面。

- 确保营销和沟通清晰、准确、诚实。在危机沟通中保持透明。在与员工交流时，坦承你知道的和你不知道的。
- 坦率地说出你在各种互动中的赚钱方式和花钱方式。
- 用通俗易懂的语言交流个人数据的使用方式及其原因，并以容易获取的方式在网站和零售场所提供这些信息。
- 确保以可消费的方式共享相关信息。明确且坦率地说明各种产品、服务和体验的费用及成本，尤其是各种附加组件和分层产品线。例如，在产品的经济版和高级版之间提供一个可见的功能复选框。

在我们的研究中，“信任赢得者”聚类中的品牌采取了大胆的方法来实现胜任力和意图。这些品牌知道，在四个因素中的每个方面都表现出色可以提升整个品牌。在某些行业，人性化和透明度方面的出色表现会增进消费者对品牌能力和可靠性的信任。

我们相信，各类组织的领导者都可以从这三个聚类中最受信任的品牌身上学到很多（第 9 章对此做了详细介绍）。接下来，让我们很好奇的是：我们能从最不受信任的组织那里学到什么？

第 5 章
最不受信任的组织

本章将讨论：

- 企业领导者与客户之间的信任差距
- 最不受信任的组织
  - ☆ 不受信任品牌
  - ☆ 模糊中立品牌

正如我们在克利夫兰诊所、劲量公司和万豪国际等品牌身上看到的那样，各种数据中的模式告诉我们最受信任品牌有哪些令人感兴趣的共同之处。同样，我们也好奇（同时也有点害怕）地想知道最不受信任的组织有何共同点。

企业领导者与客户之间的信任差距

我们知道，在衡量他人对自己的信任程度时，人们可能会过于自信（这一点似乎无法避免）。组织也同样如此。2021 年，我们与云通信平台 Twilio 合作，启动了一项客户信任研究。我们调查了 1000 名消费者和 500 名消费行业组织的领导者。我们想知道客户对某些品牌的信任程度，以及这些品牌的领导者中有多少相信客户信任他们的品牌。我们了解到：在整体信任评分中，79% 的企业领导者认为客户对其组织的品牌有一定程度或非常高的信任。而事实上，只有 52% 的人对他们在 2021 年购买或使用的品牌感到有点信任或非常信任。两项数据之间相差了整整 27 个百分点！

79% 的企业领导者认为客户信任他们的品牌，然而，只有 52% 的人说他们信任自己在 2021 年购买的品牌。

即使是最受信任品牌也仍有改进空间。例如，100 名客户中仅有 33 人表示，他们相信他们最信任的品牌是透明的，这些品牌以通俗易懂的语言公开分享了所有信息、动机和选择。这意味着有 67% 的人并不相信他们最信任的公司是透明的。正如第 1 章所述，在我们第一次探讨四个因素时，提到过更透明并不总是会产生更好的结果。回想一下由厨师拟定、供饥饿食客点餐的“从农场到餐桌”菜单。食客想知道农场对肉类进行了人道的处理就够了，他们对人道的屠宰过程并不感兴趣。同样，你所在组织的总法律顾问可能希望与新客户分享最明确的条款。在这两种情况下，厨师和律师都忽视了用通俗易懂的语言为人们整理相关信息的重要性。与透明度情况类似的是，100 名受访者中只有 48 人表示，他们最信任的品牌始终如一地履行了承诺。噢，这还不到 50%！

就信任的所有四个因素而言，信任感知差距都非常明显（见图 5-1）。有意思的是，最大差距出现在人性化方面，有 80% 的领导者自认为他们在人性化方面获得的评价很高，而事实上只有 35% 的消费者持相同看法，这其间的信任差距高达 45%。

B2C 企业领导者高估了所有四个因素的表现

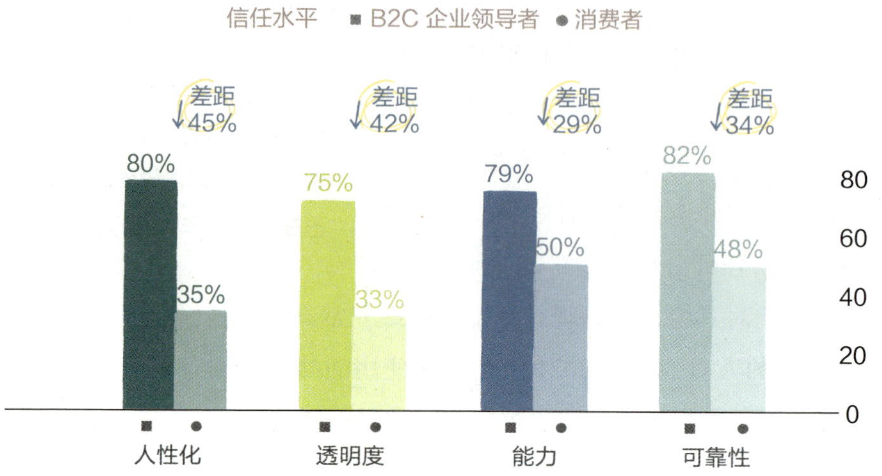

图 5-1

无论是有意还是无意，这些因素都融入了你的品牌所做的每件事。客户可能会质疑某个品牌的人性化（“你关心我吗”）或透明度（“你为什么不提前告知运费”）。此外，客户也可能会对该品牌的能力（“这是我遇到过的最糟糕的体验”）或可靠性（“我第二次给他们打电话与第一次完全不同”）失去信任。一个组织领导者的认知怎么会与客户的实际体验如此地相去甚远呢？当组织专注于对维持业务至关重要的整体客户体验中的某一个方面（如采购）但并不重视整体客户体验时，就往往会出现这种问题。造成这种认知差距的另一个原因是，组织没有在真正重要的时刻衡量客户的整体体验信任，这意味着这些组织缺乏所需的洞察力来做出可能建立信任的改变。

例如，如果与某个品牌开展业务很容易，那 96% 的消费者会更信任该品牌。但实际上，只有 35% 的消费者表示与他们最信任的品牌开展业务非常容易。尽管组织在努力使得与它们开展业务更容易，但它们也常常将重点放在了错误的方法上。比如，当需要确定最重要的特征以方便与其品牌开展业务时，高管们往往只正确确定了对消费者而言最重要的前四个特征中的一个，并且对几个特征的重要性全部都低估了，这导致了平均高达 21% 的信任差距（见图 5-2）。

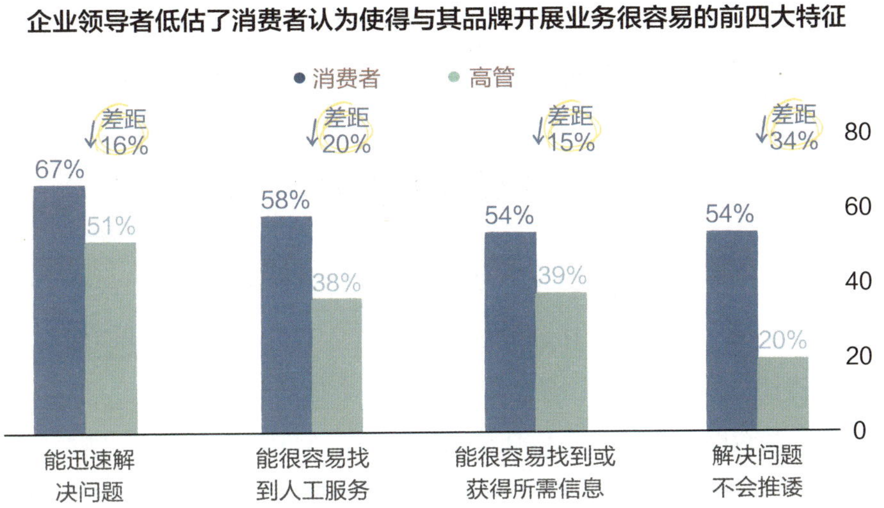

图 5-2

组织领导者与其客户之间的信任差距涉及组织的各个环节：供应链和渠道合作伙伴、产品开发和销售、IT 和通信基础设施、网络设计和客户联络中心、金融和商务技术。每个环节都可能促进或破坏客户的信任。

我们的研究还发现，当信任遭到破坏时，品牌领导者在如何重建信任方面与消费者的偏好特别不一致。企业领导者认为其解决方案能够“提供卓越的客户服务”，并能“就问题及其解决进行积极主动的沟通”，这透露出了“通过人性化和透明度来建立信任但不必然为此采取任何具体措施”的意图。然而，我们研究的客户表示，他们最想要的是具体行动，是通过可靠性和能力在实际当中展示胜任力。客户希望退款、提供更换或交换服务，并通过道歉承认错误，而不仅仅是表现出人性化的一面。

幸运的是，无论错误是延迟发货那样轻微，还是产品功能失效那样严重，如果采取了恰当的行动，消费者都是会原谅这些错误的。平均而言，消费者在失去信任之前会接受某个品牌犯三次错误，前提是这些错误的解决令他们满意。

最不受信任的组织

在最不受信任的组织这一类别中，我们看到出现了两个截然不同的聚类。第一个综合信任分数最低的聚类是不受信任品牌。该聚类的平均信任分数为 –1 分，这意味着每有一个信任该品牌的人，都有同样多（甚至略多）的人不信任该品牌。另一个聚类我们称为“模糊中立品牌”，这些品牌在我们的数据集中排名倒数第三。然而，与不受信任品牌相比，真正让它们显得很突出的是其受到中立对待的程度。在我们的数据集中，它们的标准差最小，这是由大量中立（既不赞成也不反对）评分导致的。模糊中立品牌其信任中立评分平均比其他品牌多出 24%。这两个聚类都面临着被其他更受信任品牌颠覆或取代的威胁。随着信任成为一个更突出的差异化因素，HX TrustID 分数最高的品牌将吸引更多忠诚的客户和最有价值的员工。

不受信任品牌

在我们的数据集中，不受信任品牌的 HX TrustID 分数最低，而且它们通常是那些即使人们不特别信任也仍会使用的品牌。我们的研究发现，低信任度品牌包括从快餐店到银行再到科技公司的各种品牌类别。这种多样性强化了一条经验：即建立信任并不受行业或客户群体约束，而受品牌对所有四个信任因素的实现程度约束。

社会的两极分化也可能导致信任分数较低。考虑媒体网络这一类分数最低的品牌，它们立足于分享政治派别中的特定观点，认同其观点的人成了它们的忠实追随者，而不认同其观点者则会对它们产生强烈的怀疑。

最不受信任的组织是那些看起来不真实的组织。这些组织特别容易招致批评，因为它们说一套做一套，或者否认它们明知是真的事情。几十年来，尽管明明知道吸烟对人们的身体健康有害，但烟草公司却一直在推广吸烟。20 世纪 90 年代，内部人士对烟草公司长期以来的虚伪行为予以了揭露，这加速了禁止在公共建筑和交通工具中吸烟的法律法规的制定。公众对烟草公司的虚伪失去了信任，这为政府介入提供了契机。

组织及其不受信任但广为使用的产品与客户之间形成了一种复杂的动态关系。社交媒体和在线搜索品牌表明，其商业模式与其公众形象之间存在着固有的紧张关系。许多体育联盟也属于“不受信任”聚类。根据我们的研究，代表最知名和资源最充足球队的大型体育组织比不太知名的同行更不受信任。部分地，这可能是由于媒体对最知名体育组织的广泛报道，以及因信任被破坏而引发的备受瞩目的丑闻。衡量体育信任的一个特殊挑战在于球迷会变得多么情绪化。个人的信任与其对球队的忠诚度以及他们的球队每一次的表现密切相关。

但我们也发现，规模更小、更受信任的组织往往在对受众重要的问题上更投入、更人性化、更透明。当某个体育组织说它是因为对这项运动、球员和球迷的热爱而存在并且即使在困难情况下也会这样做时，这就是真实性。我们最喜欢举的一个研究案例是美国女子职业篮球联盟（WNBA）。

WNBA 球迷对球员、他们最喜欢的球队以及整个联盟都充满热情。利用这一点，WNBA 专注于分享球员的故事。例如，许多体育联盟在新冠疫情期间都强调了人们接种疫苗的重要性。虽然这些体育联盟中有很多都是利用其自身的平台推广疫苗接种，但除此以外，WNBA 还与球员协会（WNBPA）进行了密切合作。WNBA 专员凯茜·恩格尔贝特（Cathy Engelbert）知道，不愿意接种疫苗的人更倾向于倾听和信任其队友而不是管理机构所说——即疫苗接种安全、有效并对社区有好处。球员协会努力分享准确的信息，并反驳疫苗神话。在短短几个月内，WNBA 球员的疫苗接种率就达到了 99%，比任何其他联盟都快。随后，伊丽莎白·威廉姆斯（Elizabeth Williams）等 WNBA 球员将这一努力推广到球迷，她在自己的 Instagram 直播节目中举办了“伊丽莎白与医生的对话”。另外，WNBA 还主办了由黑人和棕色人种女性医学专业人士组成的虚拟小组。这些小组除了帮助球员自己适应疫苗接种外，还与球迷（尤其是黑人和棕色人种女性球迷）分享它们新发现的知识，并鼓励球迷寻找有关疫苗的可靠信息。

WNBA 球队经常处理“运动之外”的问题，这些问题对许多女性（尤其是黑人女性）来说很重要。例如，康涅狄格太阳队支持了一项名为“变革刻不容缓”的倡议，该倡议专注于黑人和棕色人种社区的边缘化群体，其中涉及警察改革、医疗公平、公民参与和社区倡议等问题。

当我们向恩格尔贝特专员询问这些工作的进展时，她告诉我们，“我们经常向球员公布，并密切听取她们的意见”，这意味着 WNBA 必须与球员一起努力来实现共同目标。例如，与其他女子联盟（更不用说男子联盟）相比，WNBA 在薪酬问题上遇到的公共分歧更少。

让球迷知道球员很重要的，并且在危机中以这种方式行事的联盟在所有四个信任因素中都能获得高分。WNBA 联盟办公室领导层将球员视为联盟决策和行动方面的思想伙伴（在试图平衡球员和老板需求时，这些决策和行动可能很困难）。WNBA 成功扭转了行业同行趋势，不受信任聚类中的大型体育联盟及其他组织都可以从 WNBA 身上学到很多东西。

模糊中立品牌

模糊中立品牌是指在所有四个信任因素中分数高低差异最小的品牌，这主要是受中立评价的影响。这些品牌既不会激发大规模的信任，也不会引发大规模的不信任。客户只是对其服务感到很模棱两可。

虽然不受信任聚类涵盖了来自许多行业的品牌，但所有模糊中立性品牌都属于同一行业——金融服务业。你对此感到意外吗？人们选择这些品牌有其必然性：他们需要某类银行账户；他们在买房时须购买房屋保险和产权保险；他们须购买国家规定的车险。除非出现问题，否则他们对这类品牌的情感投入往往很低。当然，我们并不信任我们将毕生积蓄交给其打理的那些机构，这颇具讽刺意味！

“为了退休生活，你得存钱，因为社会保障并不够”——这样的声音在一代又一代消费者成长的过程中响起。尽管在过去 20 年里，金融机构破坏信任的行为广为人知，但对大多数消费者来说，在某种程度上与金融机构打交道的必要性几乎没有改变。在了解到某银行迫使人们购买他们无法负担的抵押贷款或者其信用评级服务数据遭泄露等负面信任事件时，困惑和不满的客户可能会转投另一家机构。但即使转到了另一家机构，这些客户的遭遇也往往是相似的。在没有危机的情况下，模糊中立品牌可能会沿着客户的惯性继续航行，而且很难使自己具有区分度。

一些模糊中立品牌没有在四因素中的每个方面都投入精力和资源来建立信任，因此，它们面临着另一些为产品或服务投入了更多精力和资源的类似品牌的竞争。例如，金融服务初创公司提供了更多样化的服务，其中包括更个人化、更易用、更透明的收费体系和更“人性化”的无障碍交互设施。

图 5-3 表明，金融服务品牌在总的 HX TrustID 分数上几乎没有差异。

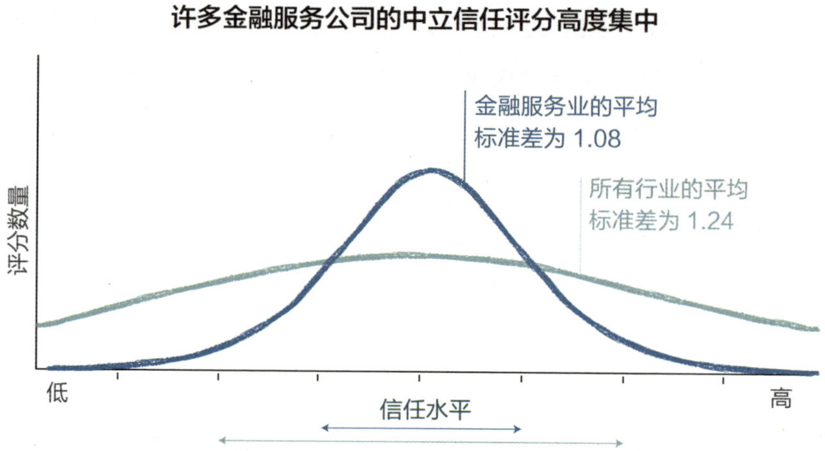

图 5-3

爱德华琼斯公司是一家在美国和加拿大拥有近 1.9 万名金融顾问的金融服务公司，是少数与众不同的金融服务品牌之一。

爱德华琼斯公司的业务建立在“以客户为中心”这块牌子之上，它的人性化和透明度分数都很高。另外，该公司的个性化方法还增强了其整体能力，与金融服务业的平均水平相比，它的能力分数高出了 30% 以上。在一定程度上，这一结果是由客户和金融顾问之间的面对面会见推动的。这些具有不同背景的顾问由爱德华琼斯公司培训，并为他们所生活的社区服务。为了实现透明度，爱德华琼斯公司如实公布了费用、账户选择和其他前期成本。

当我们与爱德华琼斯公司的首席体验和营销官蒂姆·雷亚（Tim Rea）交谈时，他强调了公司同事间的团结是兑现信任承诺的关键。他告诉我们："'以人为中心'意味着每个人都能在建立信任方面发挥作用。"因为爱德华琼斯公司的分支机构团队植根于社区，所以这些团队了解客户的环境、文化以及客户对由可信人士来帮助他们驾驭财务生活的渴望。爱德华琼斯公司创造了许多有效的工具，比如有助于发现客户真正重视什么的发现权衡练习、让新客户分享他们希望以什么样的方式与财务顾问合作的数字途径以及退休、保险和通用投资计算器，这些都成了与活生生的人交流的一部分。在整个体验过程中，爱德华琼斯公司都强调了风险承受能力、沟通偏好、家庭状况和长期目标等客户品质的作用。

爱德华琼斯公司的客户体验和见解负责人基特·桑德拉拉曼（Kit Sundararaman）表示："客户希望自己被理解、能够知情、有掌控力并且是安全的。对我们来说，这意味着通过'智能一致性'提供超个性化体验。"即使客户的需求和投资周期发生变化，爱德华琼斯公司也仍能提供可靠的体验。与模糊中立的品牌聚类中的金融服务组织不同，爱德华琼斯公司通过出色的人性化和透明度表现，在信任水平普遍较低的环境中取得了成功。

在了解了哪些公司不受信任以及为什么不受信任后，我们将注意力转向了信任的人口统计特征数据。是否有人的信任度要高于其他人？如果是，那又是什么推动了这种更高的信任度呢？第 6 章将深入讨论这个问题。

第 6 章
信任的人口统计特征

本章将讨论：

- 生活经历驱动信任，而身份认同决定生活经历
- 信任的人口统计特征细分
  - ☆信任度最高 / 最低的客户
  - ☆信任度最高 / 最低的员工
- 这不仅仅取决于你是谁，还取决于你的经历

前面两章讨论了什么类型的组织最受信任，什么类型的组织最不受信任。在本章中，我们将讨论哪些人的信任度最高，哪些人的信任度最低。我们很好奇的是，是什么使得一个人更容易信任呢？是他们住的地方吗？是他们的性别认同吗？抑或是他们个人生活经历中的其他方面吗？这里的关键在于：我们的生活经历会驱动信任，或者说，我们的亲身经历以及我们通过解读当前和历史事件所积累的关于世界的知识会驱动信任。另外，我们还必须从生活经历的角度来看待个人身份认同。

生活经历驱动信任，而身份认同决定生活经历

身份认同既是指你定义自己的方式，也是指别人定义你的方式。你与他人共有的东西（共同身份）以及使你与众不同或独特的东西构成了你的身份认同基础。一方面，阿梅莉亚和阿什莉同为具有欧洲血统的白人女性，她们都是妻子、母亲和专业人士，并且都住在马萨诸塞州，这些是她们的共同身份。另一方面，阿梅莉亚是一名出生于英国的异性恋、原性别者、天主教女性，同时也是一位非常棒的舞者。阿什莉对自己的定位则是女同性恋、原性别者和世界公民。另外，阿什莉还是美国国家女子足球队的忠实球迷。

身份认同的类型有很多，如文化认同、职业认同、种族和民族认同、宗教认同、性别认同和残疾认同。身份认同是在多个层面上形成的，并由不可改变的东西（如种族或身体残疾）以及我们所选择的东西（如政治派别、宗教信仰和俱乐部成员）驱动。作为所选的身份认同的例证，你可以想想所有你认识的狂热体育迷。身份认同对我们的思维和行为有着强大的影响。以一位来自澳大利亚的特别狂热的足球迷为例。他说服妻子给他们新出生的女儿取名为拉内斯拉（Lanesra），直到女儿两岁时，他才最终向妻子透露，“Lanesra”是“Arsenal”的反拼写。阿森纳（Arsenal）是伦敦的一家足球俱乐部。实际上，我们并不太喜欢这个同阿梅莉亚作为英国人的身份认同与阿什莉作为“足球迷”的身份认同都能扯上一点儿关系的例子。

我们每个人都能想到与我们身份认同相关的生活经历，这些经历决定了我们在生活中如何与人和组织打交道并信任他们。尽管有一个充满爱且很稳定的家庭，但在 20 世纪 90 年代的俄亥俄州，作为一名女同性恋者成长的经历对阿什莉来说并不容易。当时，学校里或电视上几乎没有任何这样的行为榜样，互联网也几乎不存在。“女同性

恋”“男同性恋”和“假娘儿们”这些词都是孩子们滥用来相互取笑和侮辱对方的。阿什莉很聪明，知道这种与众不同不会被接受。她很快学会了隐藏她的这种特殊身份认同。

阿什莉成年后的经历凸显了这种身份认同带来的尴尬。在她们长达 20 年婚姻的大部分时间里，阿什莉和她的伴侣马里克（Marijke）都无法在美国合法生活。而且，为了使马里克合法收养她自己的孩子，她们还必须履行侵入性背景调查的漫长程序。阿什莉会告诉你，她感觉因为自己是一名已婚同性恋女性而被她的国家放逐了，而且她在拒绝马里克为人父母的州很容易受到攻击。她的经历对她信任谁、信任什么以及如何信任都产生了持久的影响。阿什莉在办理移民手续时仍感到焦虑，担心她的伴侣马里克是否会被叫到后屋接受进一步的盘问，这种情况在进入美国时已经发生过好几次了。

阿什莉知道被不平等对待时的感受。然而，她很快指出，决定她信任什么、不信任什么的因素不是她的性别和性取向，而是基于性别和性取向的经历。

信任的人口统计特征细分

为了了解哪些人更有可能或更不可能产生信任感，我们采用了决策树模型，该模型可以帮我们找出哪些人口统计特征数据以及四因素中的哪一个最重要。我们咨询了我们的数据科学家：在构成人们的身份认同及经历的所有要素中，每个要素的相对重要性如何？按序来讲，哪些变量对个人信任品牌或雇主的可能性贡献最大？

为了了解每个变量对个人信任水平分类的贡献度，我们使用了 20 多个变量来创建决策树。我们针对员工和客户分别进行了分析，并用一系列人口统计特征数据测试了“核心”身份认同变量（如种族、性别认同、性取向）和“经历”变量（如生活状况、工作层级、受教育程度和地理位置）。

在刚开始研究时，我们曾假设：随着时间的推移，核心身份认同变量（如种族、性别认同和性取向）可以明确用来预测信任。然而，我们的数据根本无法证明这一点，这使得我们甚至对所采用的研究方法产生了怀疑。接下来，我们又对数据和分析进行了复核和三重把关。结果很明确：种族、性别认同和性取向并不是信任的最准确预测因素。

与此相反，我们发现：从统计学角度来看，经历变量（如年龄或工作层级）在理解信任方面比核心身份认同变量更重要。在对员工和客户的分析中，决策树都排除了种族、性别认同和性取向。反倒是，直接影响主动权（agency）和期望的经历变量更有可能帮助我们理解信任。

主动权和期望对我们如何体验信任的影响不容小觑。主动权是指发挥影响力的能力。对个人而言，这意味着有能力做出明智的选择、采取行动并实现目标。对客户而言，拥有主动权可能意味着能轻松选择切换品牌，或者有信心在不依赖他人的情况下获得所需信息。对员工而言，主动权可能意味着有权换工作、做好工作或者决定如何或何时工作（如灵活的工作时间或远程工作）。在职场，主动权还来自能够“影响他人的决定”这种典型的晋升回报。回想阿什莉的遭遇，她无法选择与伴侣住在哪里，而且不得不采取额外措施来要求为人父母的权利，这让阿什莉觉得自己在这些选择上的主动权很有限。

人们的信任还取决于其品牌体验与其期望的接近程度。我们在第2章中讨论了期望的动态变化（《老友记》中瑞秋和罗斯的故事）。期望（尤其是不匹配或未言明的期望）会影响员工和雇主之间以及客户和品牌之间的信任。当期望得不到满足时，无论是因为误解还是因为体验，信任都会受到侵蚀。对阿什莉来说，当她每次和她的伴侣进入这个国家时，都不知道会发生什么，这导致了一种残余焦虑，正是这种焦虑破坏了她对这个体系的信任。期望与主动权是相互关联的，当人们能够改变自己的处境并实现期望时，他们会更信任。

然而，正如阿什莉的经历所表明的那样，你的身份认同（包括社会对你的看法）会影响你的生活经历（包括你在社会中的相对能力或主动权、你受到的对待以及你如何看待世界）。而且，我们每个人受到的对待都不一样，所以我们体验信任的方式也会有所不同。

信任度最高 / 最低的客户

当我们衡量客户人口统计特征数据与客户信任度之间的关系时，我们发现，与信任最相关的变量对所有四个因素都一样，按降序依次为：父母身份、地理位置、受教育程度和年龄（见图 6-1）。

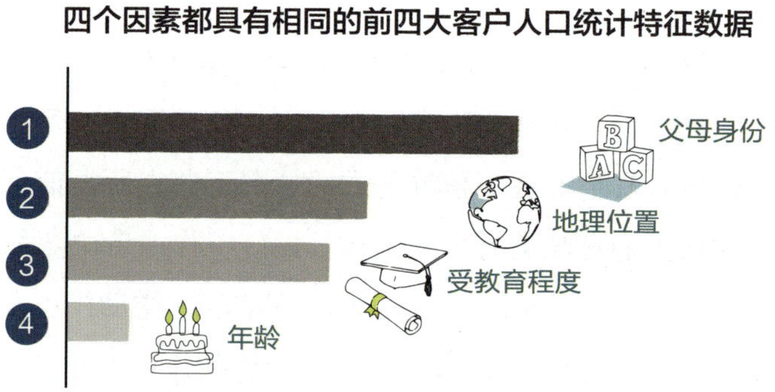

图 6-1

- 父母身份：为人父母者更有可能对品牌产生信任感。
- 地理位置：城区客户的信任度比郊区客户高，而郊区客户的信任度比农村客户高。
- 受教育程度：受教育程度越高的客户其信任度越高。
- 年龄：千禧一代信任度最高，其次是 Z 世代、X 世代、婴儿潮一代和沉默一代。

如前所述，最重要的客户变量是那些对个人主动权和期望影响很大的变量。例如，受教育程度更高的人收入往往更高，而更高的收入意味着更多的选择和更大的主动权。年龄较大的人往往有更广泛、更深入的经历，而这会带来更明智的期望。虽然从统计上来讲，种族、性别认同和性取向等身份认同变量并不能作为信任预测因素，但它们依然是你如何体验上述最重要的四个变量（如父母身份或受教育程度）的关键要素。有关客户人口统计特征变量的其他数据和描述，请参见附录 B。

信任度最高 / 最低的员工

虽然与员工信任水平相关的最重要变量对所有四个因素而言具有一致性，但并不完全相同（见图 6-2）。

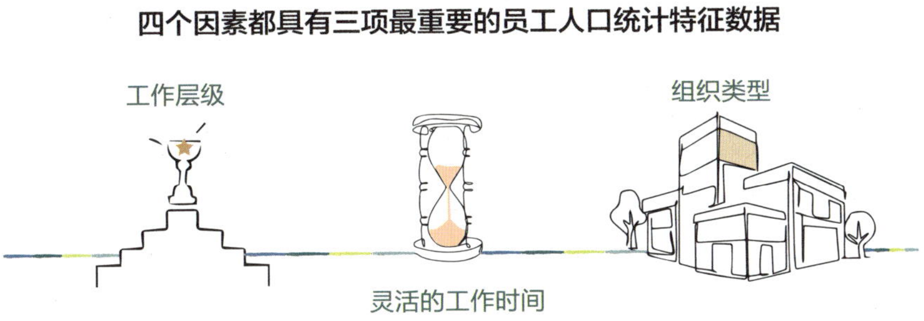

图 6-2

我们发现，以下几个变量最为重要。

- 工作层级：层级越高，信任度就越高。
- 灵活的工作时间：工作时间比较灵活的人有更高的信任度，这可能是因为他们有更大的主动权来影响自己的工作体验。
- 组织类型：为私营组织（相对于上市公司或政府）工作的人可

能拥有更高的信任度。

与客户的情况一样，对员工而言，最重要的变量是影响主动权和期望的经历变量。以工作层级为例，员工的工作层级越高，就越有可能信任雇主。在我们的研究中，层级较低的员工其信任度只有高管的70%左右。员工越接近“高层”，就越了解组织战略，参与决策过程的机会就越多。较高的层级赋予了员工重要的职位权力。因此，当一名员工的层级更高时，他们就比那些层级较低者拥有更大的主动权。此外，了解组织的内部运作会给员工带来更明智的期望，以及更大的职位权力来满足这些期望。

雇主高估了其员工信任水平近40%，这毫无意义。这种员工信任差距反映了企业领导者是如何高估客户信任的（见第5章）。当高管们认为所有员工都会和他们一样信任组织时，他们往往就会犯错，并可能错过提升员工敬业度、忠诚度和业绩的机会。

另外，我们还在影响员工信任度的变量中发现了一些有趣的细微差别（见图6-3）。一些变量只对一两个因素非常重要，而不是对所有四个因素都很重要。

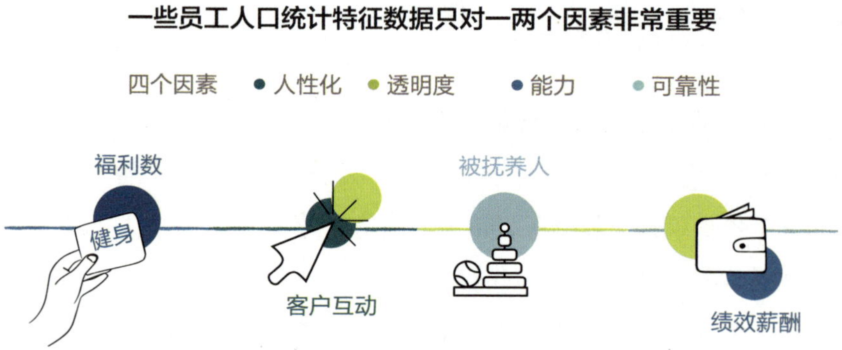

图 6-3

- 福利数：享受福利更多的员工更有可能认为他们的雇主有能力。例如，更多的健康（如视力或牙科）保险、人寿保险、残疾照护、退休或弹性储蓄、带薪休假和病假等。
- 客户互动：每周或每天与客户互动的员工更有可能认为他们的雇主更人性化、更透明。
- 被抚养人：家里有被抚养人（如孩子或老人）的员工更有可能认为他们的雇主是可靠的。
- 绩效薪酬：薪酬中包含绩效奖金（如奖金或股票期权）的员工更有可能认为他们的雇主是透明的和有能力的。透明度包括分享财务状况，而能力则隐含在组织的成功中。

你可能会问自己：为什么客户的信任状况要较员工更趋一致？这是因为，工作需要我们付出的精力更多，如美国人平均每天要工作 7 ~ 8 小时。不过，大多数人甚至不会花这么多时间中的一小部分来与他们购买的品牌互动。因此，他们与雇主的关系要微妙得多，这种关系提供了可能影响员工信任水平的更多信息。我们看到，员工在四个因素方面的信任度差异反映了这种微妙性。有关员工变量的其他数据和描述，请参见附录 C。

这不仅仅取决于你是谁，还取决于你的经历

虽然我们的决策树没有将前 5 项数据中的核心身份认同人口统计特征数据单列出来进行分析，但仍可观察到两个重要趋势：

- 一般来说，女性的信任度低于男性。
- 感知到身份认同威胁的时代（可能）会使身份认同更加重要。

女性的信任度低于男性

平均来讲，各行业的女性客户对品牌的信任度为男性客户的 88%（见图 6-4）。非二元性别或跨性别客户在“四个因素”中的信任分数明显低于女性客户和男性客户，其信任缺乏表现得更为突出。认同非二元身份的客户对品牌的信任度约为女性客户的 36%。考虑到非二元受访者在不利于他们的传统体系中面临的挑战，这个结果并不令人感到意外，而且它强调了那些不适合传统体系的人是如何利用较少的主动权来满足他们的需求的。

女性客户对品牌的信任度是男性客户的 88%。

女性客户的信任度通常低于男性，尤其是在消费品和医疗保健行业

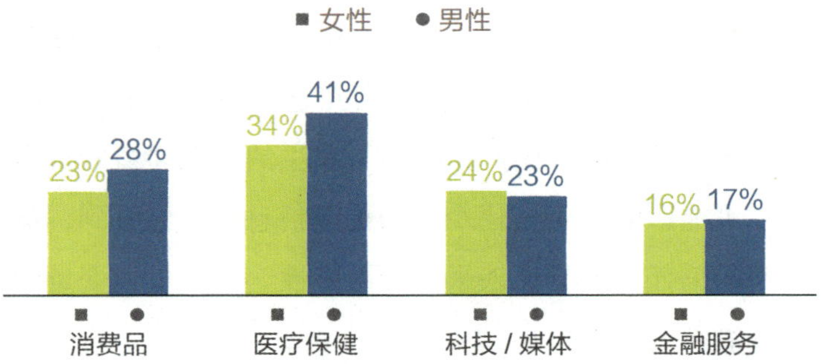

图 6-4

许多组织有着先为男性设计产品，然后再针对女性修改（或根本不修改）这些产品的传统，而不是一开始就由女性来为女性设计产品。这一点可概括为“缩小尺寸并粉色化”，它形象地描述了一些公司如何将某种专为男性设计的产品缩小尺寸并涂成粉红色，然后卖给女性，且价格往往更高。你有没有想过，如果同一件有领纽扣衬衫被称为女士短上衣而不是男士衬衫后，干洗成本为什么会高出两倍？又或者，为什么女性洗发水通常要贵 50%，即使这种产品的唯一区别只是气味不同？我们想过。

让我们进一步来谈谈女性客户在历史上受到的歧视。这一点在汽车行业表现得尤为明显，对于相同的服务和项目（如汽车保险、汽车购置和汽车维修），女性客户需要支付比男性客户更多的费用。更糟糕的是，女性驾驶人在车祸中受重伤的可能性比男性驾驶人高 73%，这是因为安全标准是通过测试汽车在模拟碰撞条件下对一般身材和体重的男性的保护程度来制定的（同样，儿童和较重的成年人也更容易受伤）。结果，我们发现，我们数据集中的女性客户对汽车品牌的信任度是男性客户的 79%，这个发现并不令我们感到意外。

不过，也有些很好的公司案例，这些公司懂得身份认同，并创造了专门针对其客户需求和体验的产品及服务。斯巴鲁（Subaru）是我们最喜欢的汽车行业案例之一，为了避免与主要车企产生正面竞争，它选择了教师、户外运动者等利基群体。20 世纪 90 年代中期，斯巴鲁精心设计了一项吸引女同性恋客户的营销活动。这一点特别值得注意，因为当时有超过一半的美国人认为同性恋是不道德的。斯巴鲁一开始的研究揭示了单身女性户主高保有量拥有斯巴鲁的模式。当营销人员与这些客户交谈时，他们发现其中许多人是女同性恋，而且这些女同性恋者认为斯巴鲁适合她们积极、低调、经常去户外活动的生活方式。基于这一发现，斯巴鲁当时以一种进步和大胆的态度对待了同志（LGBTQ）问题。在《捍卫婚姻法案》成为美国法律时，他们在一段时间内延长了斯巴鲁员工中的同性伴侣的福利，并巧妙地利用“外出吧，待在户外”“生来不凡，活出自己”等具有双重含义的广告语将斯巴鲁粗犷的户外形象与同性恋身份认同联系在一起。由于对“同志”这样的目标群体的关注，斯巴鲁不温不火的销售转变为了稳定增长，母公司（之前的富士重工）以斯巴鲁品牌重塑了整个公司的品牌。斯巴鲁的成功至今仍在继续。

2020年，鲍尔市场研究公司（J. D. Power）的品牌忠诚度研究将斯巴鲁列为所有主流汽车制造商品牌忠诚度的第一名，这标志着斯巴鲁连续两年击败了其他规模更大的竞争对手。

在职场，女性员工的信任度也低于男性员工。整体来讲，女性员工的信任度为男性员工的87%。并不令人感到意外的是，当与影响信任的经历变量叠加时，这种差异尤其明显。例如，如果雇主没有提供灵活的工作时间安排，男性员工和女性员工之间的信任差距将增加60%。考虑到女性通常承担的角色，这是可以理解的。除了生育孩子，女性还承担着大部分的家务及家庭责任。典型的工作时间安排很久以前就是围绕男性员工设计，这在今天继续影响着信任。

女性员工的信任度为男性员工的87%。

男性员工和女性员工在可变绩效薪酬方面的差异也十分显著。尽管绩效薪酬是被用来激励所有员工的一种机制，但当雇主提供绩效激励时，男性员工的信任水平明显更高，并且男性员工和女性员工之间的信任差距将扩大500%。我们知道，建立信任会使客户和员工表现忠诚。但有意思的是，通常针对男性员工的激励措施可能会削弱女性员工的信任水平，这是为什么呢？原因可能是，在同等绩效水平下，女性员工并不相信自己的贡献会受到与男性员工同等的对待。从历史上看，女性员工的薪酬相对于男性员工来讲过低，女性员工从事同样工作的薪酬平均为男性员工的83%。众所周知，许多绩效薪酬体系可能会在无意中加剧偏见。此外，我们假设，对绩效薪酬的不同反应可能源于“高绩效意味着更长的工作时间”这样一种文化期望，而许多女性员工，尤其是身为母亲的女性员工可能无法满足这一期望。因此，女性员工不太可能信任一个不怎么重视她们的薪酬体系，就不令人奇怪了。

当雇主提供绩效激励时，男性员工和女性员工之间的信任差距将扩大500%。

感知到身份认同威胁的时代（可能）会使身份认同更加重要

我们于 2020 年 5 月进行了首轮员工信任研究，当时正值新冠疫情暴发之初，并且乔治·弗洛伊德（George Floyd）被杀后引爆了全美国对系统性种族主义的清算。数据证实了我们最初的假设，即女性员工和种族多元化员工对雇主的信任程度低于男性员工和有白人身份认同的员工。然而，我们接下来的客户研究（2020 年 10 月 ~ 2021 年 5 月）并未揭示出种族多样性与信任之间存在明显的差异性。我们对此感到一筹莫展。我们想知道，为什么基于种族认同来预测员工信任要比预测客户信任更有效？当我们在 2020 年 10 月和 2021 年 10 月又启动两轮员工信任研究时，我们力求对“种族多元化员工是否始终比具有白人身份认同的同事信任度低”这一问题进行求证。最初，结果令我们感到惊讶。就像在预测客户信任时遇到的情况一样，随着时间的推移，我们一开始在员工信任预测中看到的基于种族认同的信任差距逐渐缩小。换言之，仅仅基于种族身份认同，人们信任雇主的可能性并不存在明确的模式或统计上的显著差异（见图 6-5）。

我们之前的假设是：随着时间的推移，种族认同差异将成为明确的信任预测因素。我们修正后的假设为：种族认同仅仅为黑人或亚洲人并不会使一名员工更可能或更不可能信任雇主。如前所述，种族等核心身份认同变量并不是预测一个人信任可能性的最重要因素。即使当我们观察不同资历的员工时，我们也没有看到特定种族认同群体（白人或其他人种）表现出比其他人种更容易信任的明显统计学趋势。但我们认为，少数族裔的生活经历（在 2020 年 5 月表现为个人威胁和危机增加）导致了我们研究中自我报告的信任水平较低。我们还认为，修正后的假设可能有助于组织领导者提高他们对影响客户和员工生活经历的外部环境重要性的认识。

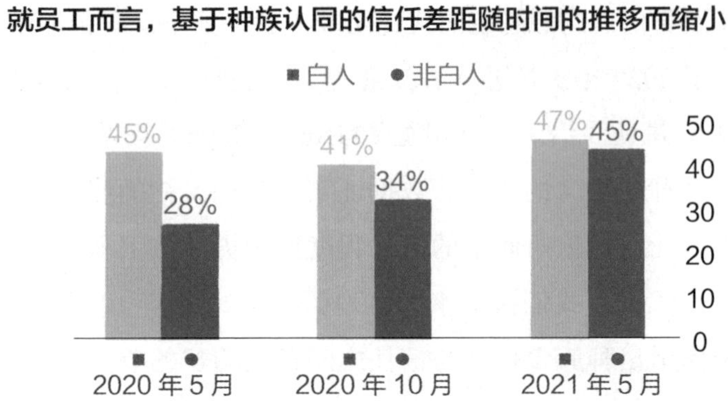

图 6-5

注：为便于观察，按种族进行了分组；有关按种族身份认同划分的更详细信息，请参见附录图 C-9。

综上所述，我们认为，忽视身份认同与信任之间的关系是一个错误，而认为信任理所当然则是一个更大的错误。作为领导者，我们知道建立员工信任和客户信任会带来对雇主而言很重要的结果。我们发现自己一直在问：在我们与同事建立信任的可能性方面，"这一行动"是否比"那一行动"更重要？组织领导者每天都在做有意识的选择，要么建立信任，要么削弱信任。以下是我们很看重的东西，希望你也高度重视。为了建立信任，我们不仅需要关注不同的身份认同，而且更重要的是，我们还应关注具有不同身份认同的人的生活经历以及这些经历对其主动权和期望的影响。我们需要注意这样一些事实：感知到个人身份认同威胁的经历会降低人们的信任水平；女性员工的信任度比男性员工低；组织中资历较浅的人比同一组织中资历较深的人信任度低；在灵活安排工作时间方面没有主动权的人信任度较低。作为组织领导者，我们必须注意所有这些"信任标志"，因为当这些标志出现时，我们不仅可能失去信任，而且还可能失去一些最有价值的客户和员工。

在下一章中，我们将分享我们钦佩的两家公司的故事，这两家公司展示了它们是如何与员工、客户以及作为合作伙伴的彼此建立信任的。

第 7 章
信任生态系统

本章将讨论：

- 从员工开始建立信任
- 达美航空的良性循环
- 美国运通的 3C
- 你和合作伙伴共处信任生态系统中（对待合作伙伴要人性化）

虽然我们在和自己约会，但还记得 20 世纪 80 年代中期那句经典的锐滋花生酱巧克力广告语——“巧克力和花生酱是‘两种美味，搭配在一起吃，会更美味’”吗？正如阿梅莉亚所标榜的那样，她热衷于所有能提升人类体验的东西，这其中就包括与花生酱非常搭的高品质黑巧克力。受此启发，我们开始研究其他经典组合，比如本（Ben）和杰瑞（Jerry）、福尔摩斯（Holmes）和华生（Watson），以及曾以“布拉安吉丽娜”登上了小报头条的“超级情侣”布拉德·皮特（Brad Pitt）和安吉丽娜·朱莉（Angelina Jolie）。顺便说一句，我们曾做过一次关于人类体验和信任的演讲，后来被称为“阿什梅莉亚”。抛开玩笑不谈，我们认为，经典组合以及他们建立彼此之间、他们与其他人之间信任的能力确有特别之处，这一点值得关注。本章将讨论“为建立员工信任所付出的努力是如何还能建立客户信任的”这样一种良性循环。此外，我们还将分享旅游行业的经典组合——达美航空和美国运通的故事，这两家公司都为建立与各自员工、与客户以及与作为合作伙伴的彼此的信任付出了很多。

从员工开始建立信任

建立员工信任有助于建立客户信任，并带来业务成果，这样的想法并不新鲜。衡量客户体验和员工体验的方法与衡量客户类型和员工类型的方法一样多。尽管如此，还是有两个原因让我们要专门辟出一章来聊聊这些“并不新鲜”的想法。其一，我们认为，有一个可用于所有对象（客户、员工和合作伙伴）的单一信任衡量标准很重要。在我们的研究中，无论某个人作为员工或客户扮演了什么样的“角色”，四个因素都始终是驱动信任和行为的主要因素。其二，如果通过建立员工信任和客户信任来实现财务结果很容易，那么到现在，所有组织都应该做到了这一点。可问题是，这一点做起来很难，这意味着我们在确定应采取哪些行动方面仍需要帮助。

以下是你需要了解的与经典的员工和客户组合有关的信息（见图 7-1）。

- 员工越信任他们的雇主，就越有动力工作。
- 建立员工信任可将客户满意度提高两倍。
- 建立客户信任可将市值提高至四倍。

信任度高的员工会建立客户信任并改善业务成果

图 7-1

员工越信任雇主，他们工作的动力就越大

我们的研究表明，信任雇主的员工比不信任雇主的员工更有动力工作的可能性要高出 79%。另外，前者的缺勤率比后者低 41%，人员调整率也大幅低于后者。

建立员工信任能将客户满意度提高两倍

当员工信任组织时，组织可以更好地履行其使命，而这又会对客户信任产生直接、积极的影响。当雇主了解员工的需求和期望并围绕员工的价值观来设计人性化体验时，员工实现客户结果的可能性要高出 1.6 倍，并能将客户满意度提高两倍。此外，客户对员工待遇十分关注，并将其作为自己信任 / 购买行为的指南。82% 的客户表示，确保公司员工

当雇主了解员工的需求和期望并围绕员工的价值观来设计人性化体验时，员工实现客户结果的可能性要高出 1.6 倍，并能将客户满意度提高两倍。

安全和福祉的措施“必须到位”，或者说“这样的措施使他们更有可能”光顾这家公司。我们的研究表明，当客户认为一家组织会照顾好自己的员工时，他们认可该品牌更人性化的可能性要高出 2.4 倍。

建立客户信任能将市值提高至四倍

员工敬业度高的公司其表现要超出竞争对手 147%，且盈利能力要高出 25%。如果组织依据其财务成功来奖励员工，情况就更是如此。例如，当受到高度信任的公司基于股票提高员工的薪酬时，其市值会扩大四倍。

为了准备领先组织如何从员工开始建立客户信任的案例，我们采访了达美航空和美国运通的高管。

达美航空的良性循环

埃德·巴斯蒂安（Ed Bastian）年轻时的梦想是成为一名职业棒球运动员。在家里的 9 个孩子中，他排行老大，直到 25 岁才坐上飞机。自 2022 年开始，巴斯蒂安担任了达美航空的首席执行官，在他的 7.5 万名员工中，他算是颇有知名度。他的团队告诉我们，无论他走到哪儿，都会被想合张影或只是想简单地说声“谢谢”的达美航空员工拦下。我们想更进一步了解巴斯蒂安的信任理念，即众所周知的“良性循环”（见图 7-2）。“我们在达美航空谈论了很多关于良性循环的话题。我们越照顾员工，他们就越会为我们的客户提供更好的服务，而反过来客户又会以持续不断的业务来回报我们的股东，这使得我们能够支持我们的社区，并对我们的员工进行投资。随着达美航空的不断前进，这个循环会继续旋转得更快、更好、更强。”

这种良性循环的核心是“信任”。巴斯蒂安说：“你并不必然值得信任——你要去赢得信任。人们的信任是随着时间的推移发展起来的，与体验、关系、信守诺言以及你做出并持续推动业务发展的承诺有关。信任是我们品牌的核心和关键因素。”

我们最常提及的信任建立案例之一是，达美航空如何在新冠疫情期间与员工交流并兑现对他们的承诺。重要的是，要注意到达美航空当时做出这些努力的背景，即出行需求骤减使其几乎在一夜之间失去了 95% 的收入。作为一项基本服务，即使大多数航班都空空荡荡，达美航空也不能停飞，这意味着成本高企而营收却少得可怜。为了应对这场危机，达美航空在全公司范围内采取了一系列人性化和透明举措，这些举措维持了员工和客户对公司的信任。

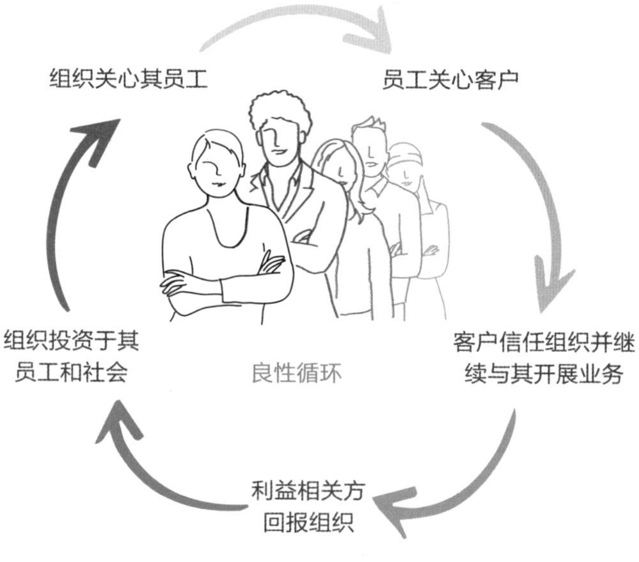

图 7-2

首先，巴斯蒂安从一开始就承诺不解雇任何员工或强制他们休假。长期观察航空业的人士认为他疯了——航空业过去曾因小得多的问题和周期而强制数万人休假。相反，巴斯蒂安将是否休假的决定权交给了员工，他们可以选择继续工作，也可以选择带全部福利的自愿无薪休假。这样，员工拥有决定权和主动权，同时也直接表明，达美航空以员工的优先事项为优先事项。最终，在达美航空的 7.5 万多名员工中，有 4 万多人自愿休无薪假。巴斯蒂安说："在不强制任何员工非自愿休假或解雇他们的情况下，我们节省了 50% 以上的总业务成本。这是在员工自愿的基础上做到的。在 2020 年的整个夏天，我们有一半员工自愿休无薪假，而且是连续数月。"

达美航空员工不仅仅是自愿休无薪假。他们还向美国国会寄去了 17.5 万封信件，这些信件表达了对通过一项近 2 万亿美元的紧急法案——《2020 年关怀法案》的支持，其中包括针对航空业员工的 320 亿美元薪资支持。与此同时，达美航空也在人员安全方面投入巨资，如检测、口罩、疫苗接种以及新冠肺炎患者防护方面的花费就高达 5 亿多美元。此外，为确保对员工健康的持续关怀，达美航空还率先设立了首席卫生官这一永久职位。

其次，巴斯蒂安还通过透明地设定期望来建立信任。疫情期间，出于对乘客安全的考虑，达美航空封住了航班中间的座位（不靠窗，不靠过道），并让乘客明确知道他们下次出行时会是什么情况。起初，封住中间座位很容易，因为那时出行的人不多。但当人们开始恢复出行时，达美航空仍坚守了这一承诺，"直到人们对回归出行充满信心"，换言之，直到他们知道会发生什么，并相信达美航空将能够为他们提供可靠的安全保障。这些座位被封了将近 14 个月，比任何其他航空公司都长。

巴斯蒂安使他的逻辑推理复归了"良性循环"，明确表示封住中间座位对乘客和达美航空的员工都很重要。"我这样做是为了信任，为了信心。虽然坐在中间座位是安全的，但我们知道，在新冠疫情大流行期间，拥挤的航班会令人们感觉不适，并会由此带来诸多的不确定性。我这样做非常重要，也许同样重要的是，我这样做是为了我们自己的员工。我们的员工整天都在客舱里穿梭忙碌。这就是我们的机组人员、地勤人员以及在登机口与乘客打交道的服务人员的工作环境。员工和我们的乘客一样，都不想坐在拥挤的飞机上。通过这样做，我们就向我们的员工传递了一个信息：即他们可以对达美航空的管理层充满信心和信任，我们在支持他们，我们在努力解决问题。”

我们问了巴斯蒂安一个简单的问题：这一切值得吗？不出所料，他自豪地表示：“我们的员工成了故事的一部分。”巴斯蒂安承认，这些保护工作岗位的举措在当时也是为了保护达美航空的财务偿付能力。也许更令人惊讶的是，这些信任投资还在财务上获得了回报。达美航空成了 2021 年下半年唯一盈利的美国航空公司。

巴斯蒂安说：“人们不仅仅是购买更高价的机票来搭乘我们的航班，而且还投资于我们，这是因为他们对我们有信心。实际上，我们最终的财务表现超出了我们的预期，我们的品牌资产没有遭到稀释。”值得注意的是，达美航空还囊括了 2021 年的所有主要航空公司奖项，包括鲍尔市场研究公司评出的“北美第一航空公司”、正义资本（JUST Capital）和《福布斯》杂志（*Forbes*）评出的“第一运输公司”以及《商旅新闻》（*Business Travel News*）评出的“第一航空公司”。此外，达美航空还被《时代》杂志（*TIME*）评为 2021 年“100 家最具影响力的企业”之一，并于 2022 年跃升至《财富》杂志（*Fortune*）“最受尊敬企业”排行榜的第 18 位。通过收集员工的自愿匿名反馈，格拉斯多公司（Glassdoor）将达美航空列为过去 6 年中“100 家最适合工作企业”排行榜的前 10 名。截至本书撰写之时，《华尔街日报》和许多其他媒体也都将达美航空列为美国第一航空公司。

达美航空展现了如何创建一种员工信任文化，如何投资信任四因素，从而使客户更加信任它。巴斯蒂安说：“由于这些举措，客户和员工甚至对我们更信任了。”

美国运通的 3C

我们还采访了另一位客户——美国运通的首席营销官伊丽莎白·拉特利奇（Elizabeth Rutledge）。她在美国运通工作了 30 多年，是一位母亲、妻子和女儿，同时还是一位长期爱护动物的有心人。对另一种生命来说，拉特利奇也许一直是名兽医，但我们很感激她始终专注于提升人类体验！拉特利奇分享了“3C”——客户（customer）、同事或员工（colleague）和社区（community）对于美国运通的重要性，并强调了建立客户信任、同事信任和社区信任同样很重要。拉特利奇告诉我们：“小企业对我们的经济成功至关重要。小企业所在的社区兴旺发达了，我们就都会兴旺发达。”

有约 60% 的小企业是由女性或有色人种开办。在过去五年中，女性开办的企业增长了 21%，其中有色人种女性开办的企业增长了 43%，而所有类型的企业总数仅增长了 5%。但是，小企业在 2020 年的经济衰退中受到了沉重打击，它们非常需要帮助才能重回正轨。拉特利奇告诉我们：“长期以来，美国运通一直都很支持小企业，尤其是在它们需要帮助的时候。因此，在疫情开始时，我们与 100 多家大公司合作创建了‘支持小企业’联盟。这样做都是为了帮助这些小企业获得当前所需的工具，包括如何管理远程员工、如何使用数字营销工具以及如何为管理现金流提供支持等方面的建议。我们能够在短短 14 天内就启动这一倡议，是因为我们彼此共同信任，共同肩负着‘支持小企业’这一使命。”

此外，美国运通还提出了为少数族裔小企业服务的具体举措。例如，通过为黑人小企业创建首个量身定制的国家认证计划，美国运通拓展了美国黑人商会（U.S. Black Chambers, Inc.）的 ByBlack 计划。这个免费的数字平台最初是作为一个黑人企业名录创建的，它拓宽了全美各地黑人企业接触客户并获得合同的渠道。ByBlack 计划为企业提供经官方批准的认证，使消费者和大企业能够轻松找到并利用美国的各类供应商。此外，该计划还为企业提供了获取赠款和资助、加入当地社区商会或企业网络等方面的机会。这一举措是美国运通支持企业多元化的更广泛努力的一部分，代表了有意义的人性化投资。

美国运通依靠其员工来建立信任，所有员工都被称为“同事”。拉特利奇说：“我坚信，信任始于我们的同事。如果我们把建立信任文化这件事做好了，一切都会水到渠成。这对于整个信任模式的重要性，我再怎么强调都不为过。”

例如，当新冠疫情来袭时，美国运通的首要任务是确保它们的同事在工作中感到安全，并拥有保持安全和健康所需的灵活性及资源。在两周内，美国运通就几乎对其分布于全球各地的员工都做出了全职居家办公的安排。在此期间，美国运通将其全球客户服务和出行业务从实体呼叫中心彻底转变为了虚拟的居家远程服务。美国运通还承诺，它在 2020 年全年不会因新冠疫情而裁员。

如果这听起来与达美航空建立信任的方式相似，那么当你了解到达美航空和美国运通是重要的合作伙伴，以及了解到它们所展示的与员工、与客户、与作为合作伙伴的彼此建立信任的意义时，就不会对此感到意外了。

你和合作伙伴共处信任生态系统中（对待合作伙伴要人性化）

大多数组织都有合作伙伴，这些合作伙伴在提供体验以及建立员工信任和客户信任方面发挥着关键作用。事实上，一些行业主要是由合作伙伴来履行诺言——即创建可信体验要仰仗汽车经销商、快餐店、酒店、一些金融服务和其他特许经营服务。与合作伙伴建立信任和与员工及客户建立信任同样重要。我们处理合作伙伴信任的方式与我们思考客户信任和员工信任的方式相同，因为对待合作伙伴毕竟也需要人性化！

拉特利奇和巴斯蒂安向我们讲述了美国运通和达美航空之间的可信合作伙伴关系是如何为其客户和员工创造附加价值的。这两家公司培育了 64 年的合作伙伴关系——其中推出联名信用卡就有 25 年。值得注意的是，两家公司都是从旅游业务起步的，都将信任视为合作伙伴关系的关键要素，尽管建立互信需要聚焦，需要付出巨大努力。巴斯蒂安记得："在这种关系的早期，信任是最大的挑战。我们有共同的客户。美国运通的客户、达美航空的客户，它们到底是谁的客户？我们花了很多时间和精力讨论、分析和评估我们在这种关系中各自做了什么。大约 5 年前，我们突然意识到了这一点并说道，'这些客户既不是美国运通的客户，也不是达美航空的客户，而是我们两家公司共同的客户。我们都必须全力以赴，以确保这些客户将我们作为一个整体看待。'我们建立了一种专注于把饼做大的合作伙伴关系，而不是花很多时间去纠结谁能分得多大的饼。"拉特利奇说："我们有着 25 年的合作史以及包括信任、安全和服务在内的共同价值观。这是一种真正的合作伙伴关系，专注于通过汇聚我们两个品牌的最优资产来为我们的客户以及我们自己增加价值。"巴斯蒂安表示，对这种合作伙伴关系所涵盖的各种关系而不仅仅是业务进行投入，使得这种合作伙伴关系发挥了作用。两家公司都以人为中心，这使得它们能共同创造价值，能建立员工信任和共同的客户信任。

拉特利奇说："你还必须与一家和你有着相同价值观的公司和品牌

合作。我们对客户服务和客户关怀品质的重视与达美航空保持密切一致。”她接着说：“我把合作伙伴当作家人。他们是美国运通的延伸，公司的运营应牢记这一点。唯一能做到这一点的方法是，你把合作伙伴当家人看。这需要做很多工作，但信任能给你开拓、创新的力量。”

“信任能给你开拓、创新的力量。”

——伊丽莎白·拉特利奇，美国运通首席营销官

美国运通与达美航空的合作关系延伸至了它们的员工队伍。巴斯蒂安对我们说：“如果你们在人际关系方面而不仅仅是在业务方面相互投资，那么创造力和灵感就会随之增长。我们现在正在交换彼此团队中的人员，我很喜欢这样做。有时你分不清自己是达美航空员工还是美国运通员工。你只有一个关注点，那就是照顾好你的客户。”拉特利奇说：“这是一段美好的关系，两家公司的员工不仅仅是业务上的合作伙伴。”

不管是在信用卡和其他金融服务方面，还是在航空旅行方面，客户和员工都有很多选择。通过一种包含员工和共同客户在内的可信合作伙伴关系来结合两个标志性的品牌，使得美国运通和达美航空能够建立客户信任和客户忠诚。两家公司的经营业绩一直都非常出色。例如，达美航空预计，到 2024 年，联名卡的年收入将高达近 70 亿美元。

建立员工信任可以推动取得全面的、更好的结果，如从更高的客户信任度到更好的财务业绩。要成为一个可信任的组织，你必须从建立员工信任开始。你应该赋予员工主动权，应该设定并理解客户、员工和合作伙伴的期望。这些发现是很有用的，想想上面讲的这个员工和客户之间的 25 年的联系历史，我们预计实际情况肯定会如此。在下一章中，我们将分享更多真正让我们感到惊喜的事情，以及我们仍然想了解的更多事情。

要成为一个可信任的组织，你必须从建立员工信任开始。

第 8 章
这才刚开始

本章将讨论：

- 信任会不断演变，但它永远都很重要
- 令我们惊喜的一些见解
- 接下来的信任视野

关于信任的本质，我们还有很多东西需要了解。在本章后面，我们将讨论一些我们希望探索的内容。不过，我们对两件事相当有信心。其一，我们认为信任的格局会随着人类和组织的发展而演变。其二，我们相信，信任的重要性会持续下去，四个因素仍将是信任的主要驱动因素。

信任会不断演变，但它永远都很重要

信任是人的本性。从我们出生的那一刻起，我们就开始学习可以信任谁、可以信任什么。我们与监护人建立了近乎即时的联系。从进化论的角度来看，我们很快就知道了哪种浆果可信，可以滋养而不是毒害我们。犯错也是人的本性，正是因为我们是人，信任才会不断演变。我们的社会建立在我们进行社会合作交流的能力之上，而社会合作交流本身是会受到信任或缺乏信任的影响的。这意味着，不断变化的经历会持续影响人们信任或不信任的水平及原因。

信任是人的本性。从我们出生的那一刻起，我们就开始学习可以信任谁、可以信任什么。

因为我们信任的人、信任的事都在不断变化，所以我们会继续监测驱动信任的四个因素，并完善我们对这四个因素的理解。我们希望，不断增长的数据和见解能够深化我们对信任四因素的理解，如它们在世界不同地方起作用的方式以及它们在不同情况下的相互作用。我们期待与其他组织（无论大小）的领导者合作，期待考虑对这些组织的所有利益相关方（无论是外部还是内部）的要求。

从不同的行业到不同类型的组织和人，我们在一系列背景下研究了信任的四个因素。我们的研究表明，这四个因素仍然是准确衡量人的信任度的指标。我们之所以有信心，原因之一是，随着我们的研究领域从 B2C 扩展到 B2B，“四个因素”被证明在预测行为方面更为有效。原因之二是，许多研究人员都得出了类似的与信任构成要素有关的结论。当你研究各种信任框架时，你会发现这些框架所提出的观点有很多相似之处。为什么？

> 做出良好承诺（人性化、透明度）并信守承诺（能力、可靠性）是人们信任的核心。

一方面，我们预期四个因素的相对重要性会随着时间的推移而演变。因为我们认为，重要的东西会随着社会的变化而变化，并且开拓性组织会设定新的客户 / 员工期望。另一方面，我们还预期促进四个因素的属性也会发展演变。虽然组织越来越善于建立和维持其员工的信任，但员工的期望和要求会不断变化。

20 年前的有线电视行业就是个很好的例子，说明我们可以预期一个组织对信任的关注会如何演变。当时，地方层面的竞争基本上是不存在的。你可能选择使用 A 公司的有线电视，也可能根本没得选（因为通常只有一家供应商）。因此，有线电视公司的收入并不取决于是否拥有强大的客户信任，这一点反映在了有线电视公司对待客户的方式以及客户如何评价他们的满意度上。你有没有休过一天假在家等有线电视维修（可靠性低），结果有线电视公司在预约维修服务后几小时又取消了（人性化和透明度低）？我们不止一次遇到过这样的事儿，但拥有有线电视网太重要了（能力），尽管受到了极为令人不快的对待，客户还是无法离开。

快进到今天。流媒体服务和其他替代选项迫使有线电视公司加倍努力，以获得建立信任的良好消费者体验。尽管客户可能会要花上几个小时才能等到有线电视技术人员来修复有线网络中断故障，但现在许多公司都会在技术人员迟到的情况下给客户提供信用额度，因为它们认识到了客户的时间很宝贵（人性化程度提高了）。另外，有线电视公司也提高了技术能力，即使是电话客服也能远程解决许多问题（能力和可靠性增强了）。为什么？答案就在于“竞争”。从有线电视的垄断中解脱出来，客户拥有了充分的选择权。

我们认为，尽管这是一场豪赌，但垄断企业（其中一些可能是心理垄断，而不是信任垄断）目前可能不必担心客户信任的问题。不过，单一市场事件或初创企业竞争对手可能会迅速削弱这种垄断优势。各类组织都应深入关注它们在全部四个因素方面的信任水平。

令我们惊喜的一些见解

最美妙的研究体验之一是有令人惊喜的发现，我们在很多时候都会有这种感觉。我们发现，一些根深蒂固的正统观念经不起推敲。另外，我们还看到，客户与员工之间以及行业与行业之间存在着一些有意思的差异。

在像我们这样的大规模研究中，最令人兴奋的惊喜莫过于从数据中发现了颠覆正统观念的东西。随着时间的推移，行业和企业内部会形成一些广泛影响普遍看法的习惯和规则。我们称之为“正统观念”。当我们与客户合作进行以人为中心的设计和应用创新时，力图从数据中获得新的见解通常是我们与他们一起最先去做的事情之一。我们先帮他们识别正统观念（例如“我们这儿就是这样做事的”或“这就是我们这个行业的惯例”），然后同他们一起设想：如果我们推翻这种正统观念，会发生什么？

颠覆正统观念可以释放之前被埋没的价值，商业史上充满了这一类创新。例如，星巴克（Starbucks）颠覆了“咖啡是一种商品”的正统观念，并以“咖啡是一种体验”为理念设计它的业务。通过创建一个平台，爱彼迎（Airbnb）让普通房主成了迷你酒店经营者，颠覆了“人们不会与陌生人合租房子”的正统观念。优步（Uber）和来福车（Lyft）与车主也建立了类似的业务，将私人汽车变成了收入来源。

我们着手验证了以下与“信任”有关的正统观念。

- 知名品牌是最可信的。
- 信任赢得者受所有人信任。
- 人性化和透明度胜过能力。
- 不同行业中的信任看起来是一样的。

正统观念 1：知名品牌是最可信的

我们从“标志性品牌会更具标志性”这个假设开始。你可以在年度高层级调查中找到此类品牌。长期占据主导地位、拥有最多客户的大品牌也会是最可信的，这似乎合乎逻辑。但事实恰恰相反，我们在很多行业中都发现，许多家喻户晓的品牌其信任度分数都低于基准（见图 8-1）。这是我们最早推翻的正统观念之一，也就是说，获得信任并不需要你多有名。

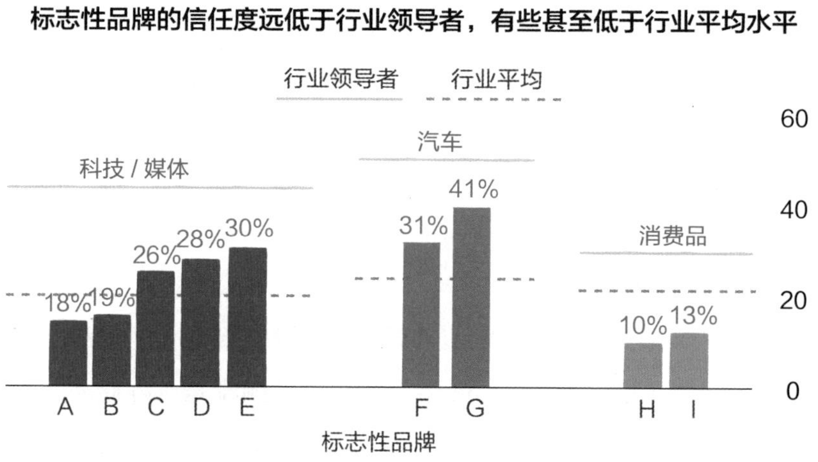

图 8-1

随着研究的深入，我们发现之前的高层级调查存在一个让人感觉意外的缺陷。“你信任 X 品牌吗”这样简单的提问并不能洞悉人们与该品牌之间关系的细节（回想一下第 2 章，信任是碎片化的且很难衡量）。但是，如果围绕“信任四因素”来提问，则人们的回答不仅会透露出他们的信任，而且还会揭示出他们信任的原因。知名和“标志性”的大品牌在营销及品牌方面的投资高达数百万美元。然而，仅靠营销是不足以维持高信任度的。仅仅发布一个温暖的、有同情心的或非常有趣的超级碗广告可能会使你在社交媒体上保持热度，但并不一定能让客户真正信任你或者购买你的产品。

正统观念 2：信任赢得者受所有人信任

我们对“要成为顶级信任赢得者，你必须得到所有人的信任”这种正统观念进行了验证。我们预期，现有客户和知情非客户对“信任赢得者”的信任差距很小。但数据告诉我们，情况并非如此。我们发现，成为顶级信任赢得者的道路不止一条。

迪士尼邮轮公司是一家信任赢得者（第 4 章讨论了“信任赢得者”），其现有客户与知情非客户之间的信任分数相差 44 分，这要比所有组织现有客户和知情非客户之间的平均信任差距大 85% 左右。相比之下，另一家信任赢得者万豪国际的这一差距只有 8%（见图 8-2）。我们将现有客户和知情非客户对迪士尼邮轮的这种信任差距归因于我们所说的“超级粉丝效应”。

首先，真正喜欢邮轮的人更多地将其视为一种生活而非度假方式。在新冠疫情期间，我们写了篇题为《坐上邮轮去巡游》（*Cruisers Gonna Cruise*）的文章，描述了狂热的邮轮迷们是如何热切地计划下一次航行的。其次，迪士尼品牌备受信任。知情受访者对迪士尼给出的信任分数略高于平均水平，而非常不信任迪士尼邮轮的人群给出的信任评分比平均水平低 22%。此外，迪士尼的超级粉丝们对这个品牌十分痴迷，并且给出了极高的可信度评价，他们拉高了信任分数的峰值，因而导致了这种显著的差距。在我们收集的近 500 个品牌数据集中，迪士尼邮轮在现有客户中的信任分数排名第三高！迪士尼在包括主题公园、电影、电视和其他娱乐在内的业务中均表现出色，获得了持续的高评价。喜欢邮轮和信任迪士尼的人会成为迪士尼邮轮的超级粉丝。

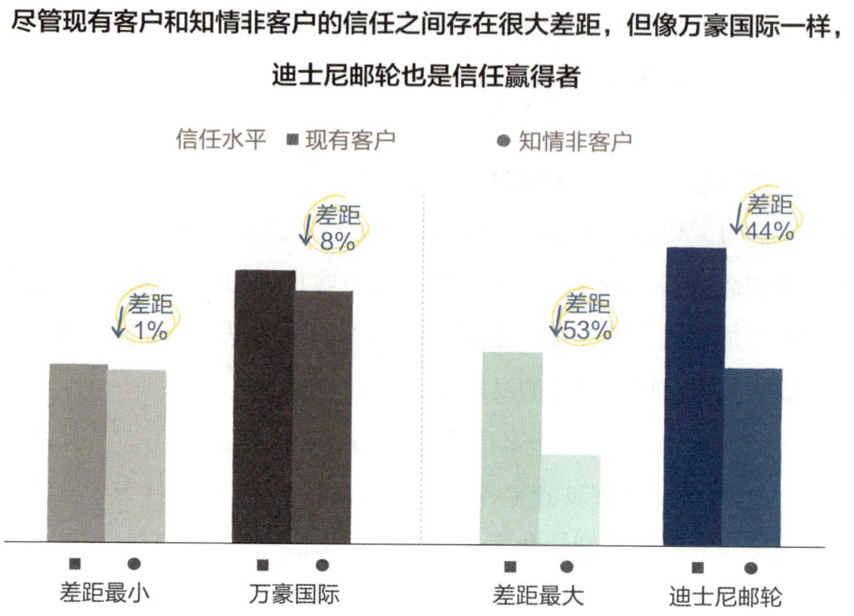

图 8-2

迪士尼邮轮拥有独特的价值主张。与主要竞争对手相比，它的船队规模最小，客户需要为高体会、个性化、定制化的“迪士尼体验”支付不菲的费用。关注细节、表演精湛和富有“魔力”成了其标志性的品牌标签。“魔力”源于对细节的高度关注。为了实现每一次外部可见的体验，迪士尼邮轮都在幕后付出了包括培训和技术等在内的成倍努力（能力）。例如，迪士尼邮轮推出了一档节目，该节目的特等舱主持人 8 个小时轮一次班，他们会在中间休息的一个小时里与客人直接互动和交谈，而且往往会很快叫出客人的名字（人性化）。演职人员（迪士尼不使用“工作人员”或“员工”这样的称呼）随时都可以回答客人的问题并提供相关信息（透明度），这在停靠不熟悉的港口时很有帮助。迪士尼品牌的一致性构成了每位客户体验的基础（可靠性）。从走廊里传来的迪士尼音乐到迪士尼主题的晚间节目，再到与你最喜欢的迪士尼公主见面的承诺，处处都体现了迪士尼邮轮针对迪士尼铁杆粉丝所做的用心设计。这是一个专注于创造和服务超级粉丝的品牌。

正统观念 3：人性化和透明度胜过能力

我们认为，提升人类体验是取得商业成功的根本。因此，我们预期人性化和透明度与能力和可靠性一样（甚至更）能预测行为。这一预期在我们的第一轮研究中得到了强化，在该轮研究中，我们要求客户对信任四因素的重要性进行排名。消费者表示，人性化和透明度在推动他们购买和提高他们的忠诚度方面更为重要。然而，回想一下第 2 章，人们所说的和所做的往往不同。当我们观察消费者的实际行为时，与能力和可靠性相比，人性化和透明度的重要性都被夸大了。

我们喜欢以消费者的身份认为，我们会用钱包投票，去支持更人性化的品牌。但最终，我们中的许多人仍将大部分支出花在了购买能力强大、可靠性高的品牌上。在汽车行业中，信任四因素对由能力主导的购买行为影响最大——考虑到汽车购买具有频率低、成本高的特点，这是合理的。另外，便捷性依然非常重要。当我们需要快速获得一件商品时，谁不从主要的网络零售商那里购买其所需呢？又有多少人实际注销了他们的社交媒体账号呢？面对一件低价商品和一件昂贵的目标驱动的商品，谁不得权衡再三呢？

这就是为什么我们会将能力和可靠性理解为入场筹码的原因。企业必须参与竞争，占据巨大市场份额且能力和可靠性强大的企业将拥有难以匹敌的优势。回想一下第 4 章，除了可靠性和能力外，一些品牌还通过专注于更加人性化来建立信任（人性化领导者聚类）。但要想成为信任赢得者，你必须在全部四个因素方面都表现出色。我们仍然相信，人性化和透明度将使最可信任企业脱颖而出，并能够随着时间的推移更有效地预测购买行为。

正统观念 4：不同行业中的信任看起来是一样的

我们起初认为，各个行业可能拥有相同的信任驱动属性，因为无论是在银行还是在医生办公室，人都是一样的。但结果并非如此。事实证明，不同行业的客户和员工在信任方面存在显著差异。为了了解不同组织的领导者最易增进信任的着力点，我们对每个因素都做了研究。例如，我们发现不同行业的员工在人性化方面存在以下差异。

- 在科技和零售行业，感受到企业文化的吸引力更为重要。这是有道理的，因为零售业有很多的“超级粉丝”品牌，而很多科技企业也都投入了巨大的精力和资源来培育独特的企业文化。
- 在医疗保健行业，拥有一个考虑社会利益和环境的雇主更为重要。这个行业中的组织实际上是在关心社会健康。需要指出的是，其中一些数据是处于新冠疫情一线的医护人员收集的。
- 在银行业，雇主拥有一项你相信的目标更为重要。消费银行将自己标榜为当地社区（充当了客户财务健康状况的可靠守护者）的重要支柱，实质上，这类目标信息在 2008 年次贷危机后变得更加重要。员工的目标感促进了这些信息的传播。
- 在旅游及酒店行业，舒心地分享工作中的新想法更为重要。这可能是出于该行业的需要。在这个行业中，负责提供和改善客户体验的利益相关方有很多，如现场代理、分公司经理以及酒店、汽车租赁和餐厅业务的特许经营权所有者。一线员工的数量和多样性要求通过扩大包容性来改善客户体验。

对同一行业的客户来说，人性化的运作稍微有些不同。简单来讲，背景很重要。一个人认为什么重要取决于多个因素，比如这个人所扮演的角色（客户和员工）、行业、企业文化和品牌承诺等。了解这种粒度的差异有助于组织引导其资源发挥最大效用。

- 在科技行业，相信一个品牌或组织会重视社会利益和环境更为重要。科技公司是当今规模最大的上市公司类别之一，其产品渗透到了社会的方方面面，并推动着社会变革。近 2/3 的消费者希望科技公司的首席执行官们做出更多努力，以在社会问题上取得进展。考虑到科技公司的规模和无处不在，许多消费者将这些期望寄托在它们身上是合理的。
- 在银行和医疗保健行业，快速友好的客户支持更为重要。人性化属性对这些行业来说是有意义的，这是因为在支付或保险等方面通常有复杂的客户问题需要解决。
- 在旅游及酒店行业以及零售行业，相信一个品牌或组织会重视和尊重每个人（无论其背景、身份或信仰如何）更为重要。这两个行业都是体验驱动型行业，不同的客户和员工群体之间有很多面对面互动。客户希望，无论自己的背景或身份如何，都能受到重视和尊重。

接下来的信任视野

现在，尽管我们知道如何建立信任，但我们也意识到，还有很多东西需要学习。特别是，我们满怀好奇地想了解，美国以外的文化是如何建立信任的，以及不同利益相关方群体建立信任的方式有哪些差异。

我们的研究基于美国的企业和组织的数据，目前尚未涉及不同文化在建立和失去信任方面的差异。我们两人在 50 多个国家生活和工作过，我们从中获得的经验是，文化与信任密不可分。

在日本，懂得非语言暗示可能要比懂得会议用语更重要，这一点让阿什莉感到很意外。作为一名美国人，她习惯于说出自己的想法。例如，在日本，会议中途的长时间沉默（有时还伴随着齿间呼气时发出的声音）可能是一种含蓄表达意见分歧的社交缓冲，也可能暗示了“我喜欢你所说的，我正在考虑”这样一种积极姿态。这也是一种文化，在这种文化中，研究人员一般需要使用更长的李克特量表（如使用1 ~ 9分制而不是1 ~ 7分制），因为日本受访者通常不会选择这些量表两端的选项。这种文化可能会对透明度的价值和意义产生重大影响。在日本，以美国式的坦率分享自己的想法可能是不礼貌的。请注意，这与荷兰人完全相反，荷兰人认为任何可以说的话都应该直接说出来，这种行为被认为是透明而不是粗鲁的（详见第9章）。

阿梅莉亚在中东工作了将近两年，她了解到，在那里要真正谈成业务，先得把茶喝够。此外，她还了解了与“信任只有在建立关系之后才会发生”这一事实有关的很多东西。当我们在全球范围内研究信任时，这些文化差异也许意味着我们增进信任的进度可能会不同。

不同的文化甚至对清洁的看法也不一样。在澳大利亚生活的前几周里，阿什莉对女性浴室里一些提醒人们不要拘泥于一个马桶座圈的标识感到大惑不解。为什么澳大利亚人会觉得有必要指出这一点呢？事实是，中国是澳大利亚最大的永久移民来源之一。在中国，与陌生人共用一个马桶座圈被认为是不卫生的，许多公厕都是蹲式厕所，它们被认为更卫生。虽然我们的信任衡量平台可能不会考虑这样的文化差异，但它确实说明了文化价值观是如何改变规范的，在衡量信任时有必要考虑这些规范。

除了了解文化差异，我们还想多花点时间来了解如何与不同的利益相关方群体建立信任。

政府

对政府的信任很有限，拜登政府表示将致力于改善体验和建立信任。然而，美国政府在某些方面比以往任何时候都更受约束，并承担了不同的职责，所有这些都需要更深入地审视。例如，在我们最初的政府基准研究中，对联邦政府的信任与对退伍军人事务部、卫生与公众服务部和财政部等主要政府机构的信任之间存在明显差异。在信任分数方面，各单一机构分数的总和比联邦政府作为一个整体的分数高出 57%。随着美国政府及各政府机构继续与美国公众建立信任，我们假设诚信将成为人性化的一个重要属性。

非政府组织和非传统商业模式（合作社、互益性企业和贸易组织）

尽管我们与女性及企业中心合作（见第 10 章），但我们希望进一步思考如何将信任四因素应用于非政府组织和其他非传统商业模式，所有这些组织和模式的优先事项、目的、需求及利益相关方都不同。

投资者、股东和董事会

我们想花点时间从股东角度来更深入地理解信任，以及公司如何通过利用信任四因素来提高投资者、股东和董事会成员的信任水平。

监管机构

无论什么类型的组织，都必须遵守法律。维持监管机构的信任对几乎任何企业或组织而言都至关重要。有研究指出，对监管本身的信任是如何表现出来的还有待观察。例如，它可能与对联邦政府的信任类似。美国人常常说他们不喜欢监管，但他们却依赖美国职业安全与健康管理局、美国证券交易委员会和其他机构，这些机构的使命是保护美国公众。

考虑亚当·格兰特（Adam Grant）在《重新思考》（*Think Again*）一书中的描述，我们对关于信任四因素的未来研究将揭示出不同文化和不同利益相关方中的哪些东西持开放态度。现在，我们想把注意力转向你作为领导者可以采取的实际行动，以与你称为客户和员工的人建立信任。

Part 2

第二部分

信任“指南”

本书第一部分定义了信任，并证实了衡量信任、预测信任和采取行动来建立信任的重要性。我们分享了驱动信任的四个因素，以及它们是如何通过客户和员工的 HX TrustID 评分结合在一起的。我们还介绍了最受信任和最不受信任的组织聚类，以及建立客户信任与建立员工信任之间的差异。我们希望使你广泛了解组织是如何赢得和失去信任的，以及投入资源来赢得信任的一系列令人信服的理由。

本书第二部分将讨论领导者可以采取哪些实际行动来建立信任。组织或个人所做的一切都可能增进或削弱信任。信任我们是件很好的事。我们将从第 9 章开始，分享一种使用 HX TrustID 来建立更美好的人类体验的实用方法，我们将使你了解到我们在自己的组织中是如何做到这一点的。另外，我们还将分享我们是如何基于对信任的了解来培育和发展自己的领导理念的。

第 10 ~ 15 章将探讨六个组织领域，这些领域通常与实施和保护组织的增长议程有关（见图 P2-1）。不要误解我们的意思，这并不是说其他职能不重要。相反，建立信任需要所有职能的配合。例如，法律部门必须遵守法规和法律；金融账户应符合预期；风险职能部门必须确保合规性。这些职能是组织维持业务和建立信任的保证。就本书而言，我们将主要关注那些必须赢得信任才能推动增长的领域。

在第一部分中，我们对信任和人类体验这两个话题表现出了强烈的好奇心，并获得了一些来之不易的专业知识。然而，有些关键业务问题不在我们的掌控范围内。这就是为什么我们对有机会与我们所钦佩的组织内外职能专家合作心怀感激的原因。我们希望你能像我们一样，乐于向他们学习如何建立能得到可衡量结果的信任。

建立信任需要采取一种全企业方法

图 P2-1

一旦你读完了第 9 章，就可能会根据自己的专业来选择在有组织的章节之间跳读。此外，你也可能会去了解邻近专业的挑战及策略。虽然本书每章都是独立成章的，但我们还是建议你全部读完。在整个组织中建立信任是一个相互依存的、全面的过程。你对同事的信任挑战了解得越透彻，你们就越能一起踏上这段历程。

第 9 章 如何建立信任

本章将讨论：

- 如何建立个人信任
- 如何建立团队信任
- 开启组织的建立信任之旅

想一想，你上次遭遇信任（无论客户信任还是员工信任）危机是什么时候。再想一想，你现在通过试错（就像我们过去做的那样）来重建信任。本章将尝试用一种不再是玩猜谜游戏的方式来建立信任。

我们希望你开始使用 HX TrustID 来衡量信任，更重要的是，我们希望你花时间、花精力、花资源来建设内外部信任。我们的目标是使你能随着时间的推移做到这一点，提高信任分数并报告进展，从而确保问责到位。十多年来，我们一直在使用和改进 HX TrustID，目的是与我们的团队和客户建立信任，我们将分享我们在这个过程中的做法。不过，我们会从你作为领导者如何建立个人信任开始。

如何建立个人信任

无论你的专业或领导力水平如何，都可以采取一些方法来开展一项信任活动，例如：构想一个信任目标，设计和试行一项实践，改变你的工作方式。即使你无法开展大规模的建立信任实践，至少也可以把建立信任作为你自己的领导理念和你每天工作的一部分。我们自己处理这一问题的方式与我们的工作风格和性格是一致的。虽然我们创建了 HX TrustID 衡量框架来帮助组织建立信任，但我们也认识到，组织是由人组成的。考虑到这一点，我们可以从我们自己开始，将 HX TrustID 应用于个人。

例如，阿什莉的领导力抱负是建立信任和赢得忠诚，她想给人们传递更多的能量。她既有这样做的动力和好奇心，又知道人际关系是建立在同理心、脆弱性和理解的基础之上。阿什莉依靠“信任四因素”来指导她的选择，例如如何给客户带去显著增长并赢得同事的关注。以下是阿什莉的领导理念摘录。

- 人性化：我努力开展一种包容性实践，努力培养同理心、善良和脆弱性。无论背景、身份或信仰如何，我都会重视和尊重每个人。
- 透明度：我的目标是像荷兰人一样。透明是荷兰文化的内在特征，荷兰语中有个词叫作 bespreekbaarheid（直译为“可谈性”），大概意思是“一切都可以谈，而且应该谈”。
- 能力：我努力通过合作和创新来创造着眼长远的解决方案和改进措施。当我们有勇气、有技巧并希望使事情变得更好时，就会取得进步。
- 可靠性：我将主动采取行动，始终如一地、可靠地履行我做出的承诺。

为了使自己负起责任，阿什莉向她的团队成员公开了她的领导理念（见图 9-1）。她寻求从上级、同事和直接下属那里获得反馈，以了解自己哪些方面做得好，哪些方面还有待提高。例如，对阿什莉来说，人性化意味着有意识地放慢速度（记得我们提到过阿什莉做事和说话都很快吗），以确保每个人的进度一致。在与阿梅莉亚的合作中，这意味着大声分享彼此对最新一轮深夜工作成果的感受。

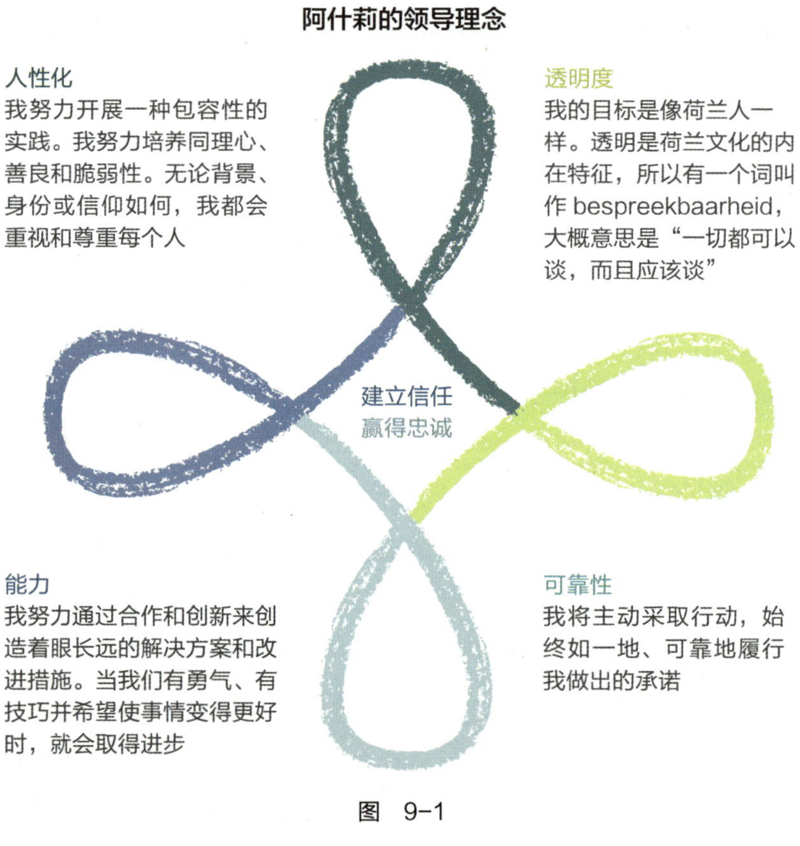

图 9-1

阿梅莉亚热心于提升人类体验，她认为，领导者应找到使自己变得人性化的方法。作为一个负责做出“艰难决定”的领导者，分享更人性化的一面可能是一项挑战。为了在实践中表现得更人性化，阿梅莉亚创建了“欢乐日”。从2020年新冠疫情最早期、最黑暗的日子开始，阿梅莉亚每周三都会给她的整个实践团队发送一封主题为“欢乐日快乐”的电子邮件，在邮件中，她与团队成员分享了工作、家庭或世界上能给她带来欢乐的任何事情（见图 9-2）。团队成员则用他们自己的喜讯回应。这种回应可以简单到一张小狗嬉戏的照片，也可以深刻到欢迎一个新生儿来到这个世界，还可以是其他有影响力的事情（例如认可团队成员的出色工作）。一连几个星期，阿梅莉亚都必须深入挖掘才能找到欢乐之事。但是，这之后的时间都充满了欢乐。通过这种方式，阿梅莉亚每周都将人性化放在了首位。这就是为什么她将“当你相信并爱他们时，人们就会成长并成为最好的自己”作为其领导理念的原因。

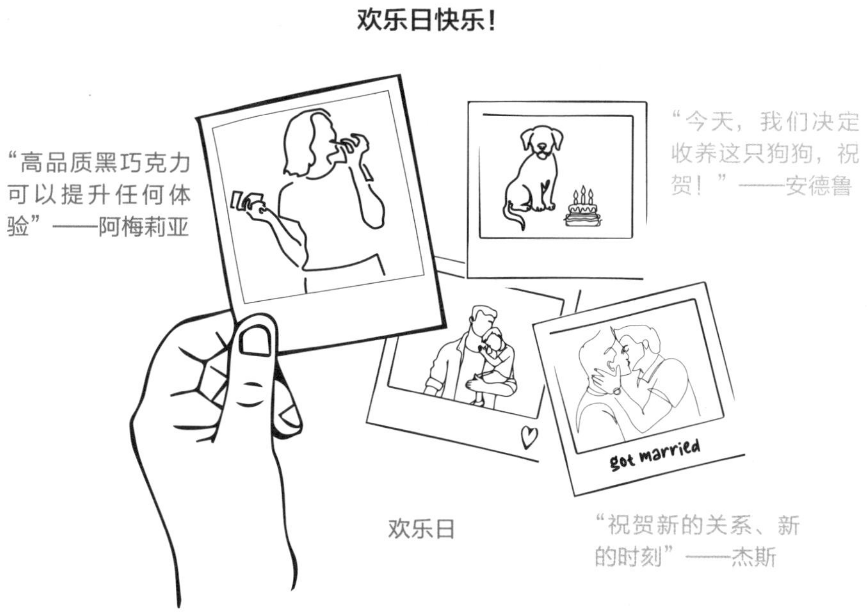

图 9-2

当你考虑自己的领导风格和赢得信任的历程时，需提醒你的是，我们在合作初期出现过信任赤字。但为了提升人类体验，我们相互致力于在组织中建立信任，这促使我们对建立自己的信任关系负责。

如何建立团队信任

如果一家软件公司自己都不使用自己的产品，你会愿意使用吗？或者如果一家航空公司的首席执行官定期乘坐私人飞机，你会搭乘它们的航班吗？使用自己的产品表明你认可这些产品的价值。在德勤，我们不仅使用 HX TrustID 来衡量自身的信任水平，而且还根据数据分析结果来决定我们在增进客户和员工信任方面的资源投入，以使得我们的建立信任之旅能持续进行下去，我们喜欢把这说成是“喝我们自己产的香槟”。干杯！

投入资源来建立信任对德勤而言并不是什么新鲜事。新的是，在试点当中采用科学的方法来衡量和建立信任。例如，在衡量全球重点客户对我们的信任程度时，我们使用了 HX TrustID。由此获得的信任分数不仅与客户负责人共享，而且还被用于为新的客户产品和项目提供反馈，以帮助建立信任。我们的方法为我们的新入市策略（包括我们想要营造的客户体验）提供了信息。此外，为了建立员工信任，我们还着手利用 HX TrustID 来了解我们自身的优势领域和机会领域。针对我们的员工，我们一直在进行以下工作。

首先，我们确立了人才信任目标。我们渴望使我们的员工成为我们最强有力的品牌拥护者。要赢得这种拥护，我们就必须提供能建立信任的人才体验，而深入了解员工需求、情绪和动机有助于为这些体验提供建议。

其次，我们着手建立了对员工的强有力理解。我们与来自德勤所有主要业务职能部门的1600名专业人员一起，成立了一系列人工智能驱动的焦点小组。此外，为了揭示人才动机和活生生的体验，我们还对满意度调查范围内的受访者（包括德勤文化的公共推动者和那些参与度较低者）进行了20多次人种志研究访谈。这些非结构化的访谈以人为导向，旨在揭示人们的所做所想。正如研究中常发生的情况一样，这些早期访谈帮助我们改进了年度人才体验调查——该调查覆盖了整个德勤的15万多名同事。

我们发现了什么呢？HX TrustID分数表明，德勤在人性化和能力方面表现最好。但作为一个大型组织，德勤在透明度和可靠性方面还有更多工作要做（见图9-3）。对一个拥有"长期、谨慎地为客户保护机密信息"这种文化的私营组织来说，这个问题并不罕见。此外，我们也感受到了人才争夺的影响（进一步的讨论见第13章）。我们的业务增长迅速，随之而来的是招聘节奏的加快。因此，担任新职位或新入职德勤的员工数量前所未有。建立信任需要时间，我们应在更短的时间内强化对透明度和可靠性的关注，以更快地赢得信任。

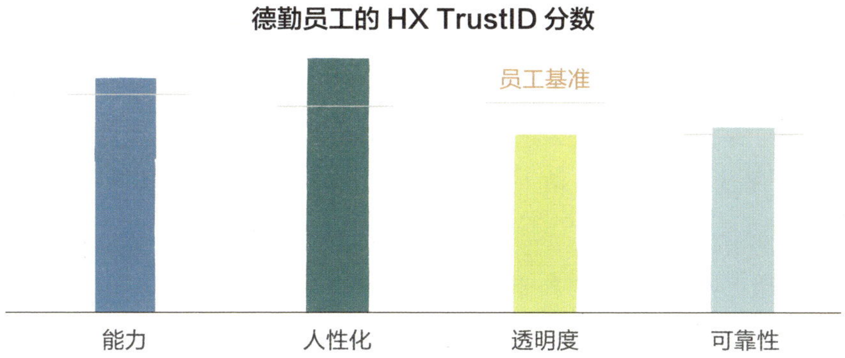

图 9-3

尽管我们认为，关于信任的全部四个因素，总是会有更多的工作要做，但根据我们可能会在哪个方面产生最大可行影响的建议，我们先从透明度开始。以下是我们正在试行的一些早期透明度行动。

- 如果我们想更加透明，那为什么不从人才数据本身开始呢？通过从年度人才调查中发展出以行动为导向的深入见解，并解释这些见解，而不是简单地分享原始数据报告，“人才体验”团队与领导者展开了公开对话。有领导者表示，他们对重点领域和成功事项有了更清晰的了解。此外，为了与员工分享见解并验证见解，提供持续获取建议的渠道，该人才团队还建立了“人才体验网络”（由来自德勤所有业务领域和所有职业层级的代表组成）。这是德勤首次这样做。结果，德勤的顾问们表示，这一努力让他们感到自己被倾听了，他们对调查的回应和个人体验没有被无视。除了致力于提高透明度外，这也体现出了人性化和同理心的一面。
- 当然，仅仅分享数据是不够的。“人才体验”团队还在制定旨在缩小透明度差距的解决方案。德勤的专业人员有机会作为一个团队参与提供解决方案，这样，为缩小所述信任差距而创建解决方案的员工更多了。最后一项行动尊重了我们的原则，即为了获得信任，你必须展现出信任（进一步的介绍见第13章）。通过将专业人员纳入制定解决方案的过程，我们展现出了我们的信任。
- 最后，德勤在内外部分享了一份关于多样性、公平性和包容性（DE&I）的透明度报告，这是我们有史以来的第一份此类报告。虽然我们要在下一章才会更深入地讨论这一选择及其带来的结果，但这是提高透明度和建立员工 DE&I 目标问责的重要一步。

接下来，我们将重点转向了另一个“待处理”因素：可靠性。我们知道，领导者的行为、规范和工作方式对员工的体验有着直接影响。我们的人才研究表明，一名领导者有能力改变一名员工的职业轨迹，并建立持久的信任。与此同时，不一致或不可靠的领导行为会导致消极情绪，并破坏信任。在具有德勤这样的规模和复杂性的组织中，要实现一致性很难。因此，我们开始了解、定义、衡量并提供正式的学习机会。德勤成立了一家领先教育机构，该机构的核心任务是建立信任和提升体验，并制定一致标准来支持那些能够在未来工作中发挥领导作用并茁壮成长的包容型、成长型专业人员。

我们的目标是培养能通过信任四因素来建立信任的、全面的人性化领导者。在我们撰写本书时，这项范围广泛的工作才刚开始。正如我们为客户所做的那样，我们从一种多维度研究方法开始。我们问自己：在德勤，成为一名领导者意味着什么？“与众不同的德勤领导者”是什么样子的？什么样的领导规范、行为和工作方式能让我们的专业人员产生情感上的信任，并希望与这位能倾听他们声音的领导者合作下去？

为了回答这些问题，“人才体验”团队会使用包括人种志研究、焦点小组、员工满意度调查、外部最佳实践研究以及我们现有人才研究数据在内的各种研究技术。然后，该团队将通过以“人人平等”为中心的设计方法，为我们的领导者塑造和实施这些行为制定概念。随着时间的推移，该团队还将衡量该项目对信任分数的影响，并寻找能产生新见解的模式。

建立员工可靠性对德勤而言很有意义，能使我们在当今复杂、不断动态变化的环境中脱颖而出。员工的强烈信任能使组织增强适应市场动态变化的能力。当我们越来越受信任时，我们就可以迅速而积极地变革。一支信任度很高的员工队伍将增进客户的信任。

开启组织的建立信任之旅

我们建立可信品牌的方法与我们建立客户体验或员工体验的方法相似。首先，从你的**信任目标**开始：你想实现什么？然后，通过**收集数据**来了解你现在的处境，并确定你未来的目标。再然后，利用这些见解来**创新行动**，为建立信任创造或大或小的机会。接下来，在将你的行动排出优先顺序后，试点建立信任项目。正如以上所分享的我们自身的经历一样，边干边学。最后，**战略性地扩展**正在发挥作用的东西，并**衡量其影响**。我们将这些步骤称为组织的“信任体验引擎”（见图 9-4）。

确定信任目标

在你的组织中，“被信任”意味着什么？每个组织都应该有一个支持其意图且表达明确的信任目标。明确表达信任目标很重要，因为它能够使组织中的人员为了共同的未来而集体协作。这种集体目标应优先于任何个人或职能目标，并有助于推动整个组织的优先性和一致性。

每个组织都应该有一个支持其意图且表达明确的信任目标。

一个组织的信任目标应该是鼓舞人心的，并且应该能够简单明了地向所有利益相关方做出解释。我们喜欢将之描述为“触手可及但又遥不可及”，虽然有时你可能不得不使劲仔细找，但应该始终能找到。例如，《华尔街日报》的目标是“成为全球最可信的新闻、数据和分析来源，以帮助人们做出决策。”在这一目标的驱动下，该报创建了指导未来行动的框架和一系列原则。想一想，《华尔街日报》是如何保持其新闻部门的完全独立的：《华尔街日报》将新闻报道和观点评论明确分离，这有助于确保其新闻报道的公正性和观点文章的视角自由。《华尔街日报》还将新闻中心与其他职能部门分开，以确保记者不受广告、销售和营销部门等利润驱动压力的影响，从而确保新闻的真实性并建立读者信任。首席执行官阿尔马尔·拉图尔表示：“在道琼斯公司和《华尔街日报》，我们每天都有责任赢得读者的信任。我们致力于提供工具，以帮助他们将高质量的、基于事实的新闻和分析同虚假消息区分开来。”

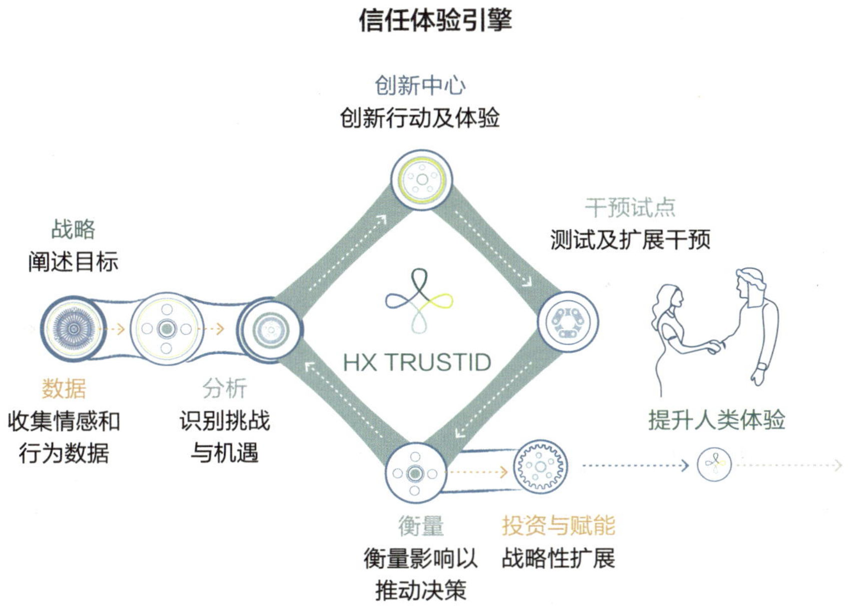

图 9-4

与战略一样，不同组织的信任目标并不相同。尽管财务表现和客户忠诚度等指标是衡量标准，但其本身并不是信任目标。那么，要如何设定信任目标呢？虽然答案没有对错之分，但我们最喜欢的开始方式之一是进行我们所说的“信任目标实验”。我们召集一群不同的高管在一起度过一天。通常，我们从一个旨在挑战正统观念（如第 8 章所述）的练习开始，并就需要“翻转”哪些组织正统观念才能实现信任目标达成一致。我们鼓励参与者思考“可能性艺术”，从其他组织中汲取灵感来支持设定鼓舞人心的信任目标。接下来，我们会花时间确定需通过研究来评估的不确定性，并重点关注需要实现什么才能对信任目标充满信心。然后，我们会花上几个小时制定未来的路线图，并考虑一系列建立信任的举措。为制定初步的路线图，我们会在行动项和总体时间表方面保持一致。

一旦你的组织明确了信任目标，你就可能会考虑设置非常具体的 HX TrustID 目标来支持你的信任目标（如果你还没有这些数据，不要担心，你可以在下一步收集这些数据）。请注意，必须通过衡量来分享和强化信任目标本身，以确保所有团队都能简要描述其流程、系统和能力是如何致力于实现该信任目标的。本章和后续章节将分享更多有关如何执行的内容。

收集数据

建立信任始于你对员工的深刻理解。当然，你的第一步应是收集 HX TrustID 分数。此外，为了对信任的机会和挑战形成丰富的、以人为中心的了解，我们还鼓励投入资源来收集数据和见解。为此，我们推荐探索评估性研究方法和生成性研究方法。

评估性研究（如为了了解使用习惯的定量在线问卷调查）是对现有解决方案或问题的系统性研究。例如，为了了解客户在预订旅行行程时是如何在现有供应商之间进行选择的，一家汽车租赁公司可能会采用这种定量研究。生成性研究（如针对客户度假行为的人种志研究）对于探索尚未形成具体解决方案的与人相关的问题很有用。例如，同一家汽车租赁公司可能想了解那些没有选择租车的度假者是如何在旅行中四处移动的。简单地说，评估性研究有助于我们理解人们所做的事，而生成性研究则有助于我们理解人们为什么要做他们所做的事。

理解和跟踪个人旅程中的见解很重要，因为这段旅程是在他们与你或你的组织接触之前开始的。我们仍以租车为例，这段旅程可能会从人们开始考虑下一个假期开始。对旅途中的人进行评估性研究和生成性研究将有助于你确定“重要时刻”（MTM）。MTM 是指那些能在旅程中为个人和组织带来超乎寻常价值的触点。这些触点可能是痛点（如在租车取车柜台排长队可能很麻烦）或开心时刻（如所租的车意外升级为敞篷车），总之，MTM 会对客户与你的组织之间的关系产生重大影响。你可以考虑能改善 MTM 的潜在选项，我们建议，根据能够为你的客户和组织创造最大价值的因素来优先考虑 MTM 及目标举措。你应该先估计干预举措的收益，然后选择最有效的行动，使你的组织在不被压垮的情况下最接近可能的总收益。根据经验，你需要找出能为你带来 80% 收益的 20% 举措（帕累托分析中的经典 80/20 规则）。

一旦你确定了你的客户和员工的重要时刻，你就可以确定与每个时刻相一致的体验指标和运营指标。运营指标与你所做的（比如汽车升级）有关，而体验指标与人们对你所做事情的感受（也许是感到意外和高兴）有关。你很可能已经在某些方面对你的客户和员工的体验进行了衡量。这些指标将揭示出帮助你建立信任的见解（见图 9-5）。为了实时了解建立信任的机会、挑战和结果，对这些指标持续跟踪至关重要。

接下来的步骤是对你可能采取来建立信任、确定测试项的优先顺序和评估有效性的潜在行动进行创新。

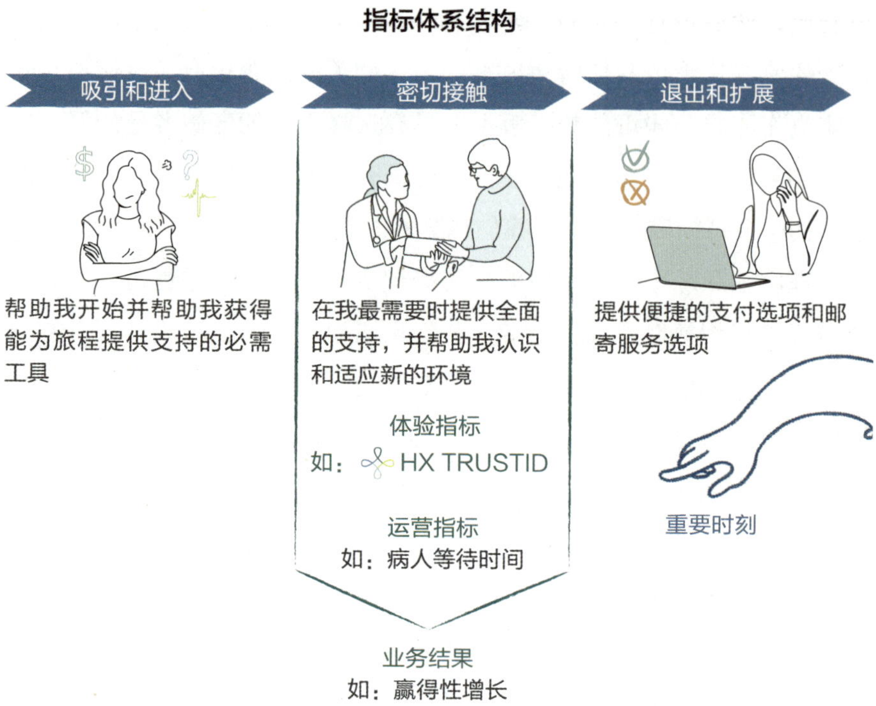

图 9-5

对行动进行创新

一旦你对 MTM 有了较为详尽的了解，你就可以权衡相对于所需投入（时间、能力、资金）水平将产生最大潜在影响的因素。从小处着手，创建原型来测试和运行试点项目将帮助你在受控环境中评估影响。以租车为例，这可以是在一两处地点试行自动办理租车手续，客户可以在这些地方办好手续后直接选车。当试点项目产生了想要的影响时（有时需经过几轮改进），新的租车流程可以推广至所有相关租车点。

我们一直在建议，实施哪怕是像一项科学实验之类的小项目。请记住，建立信任既是一门艺术，也是一门科学。从一个你想验证的假设开始，然后设计并进行一项实验来验证这个假设（对于因果关系，指标的变化是因为你实施了试点干预；对于相关性，虽然指标朝着同一方向变化，但可能是由其他因素引起的）。在可能的情况下，可以建立一个对照组，以便你可以衡量相对影响，为你所实施的干预措施是否产生了可衡量的积极差异提供反馈。

如果你在一些地方拥有中立或较低信任度的关键目标客户，那么优先考虑从这些地方着手不失为一种好方法。例如，一家航空公司可能已经与高频旅客建立了牢固的信任关系，但它可能不那么受那些低频旅客的信任。在更详细地评估这一差距后，该航空公司也许会了解到，带小孩旅行的父母对纽约地区的航班最不信任。HX TrustID 分数可能会反映出该地区航班的人性化水平很低，因为人们认为该航空公司过于考虑其自身的优先事项（如保持飞机满员或分级票价售票），而忽视了父母们关注的问题（如家庭座位或无障碍登机）。在了解了所有这些之后，该航空公司就可以针对从肯尼迪机场出发的家庭试点一个项目来满足父母们的一些需求。它可以在少数特定航线上的某个终点站对一组家庭进行干预。然后，它可以从运营指标、体验指标和财务指标方面将干预结果与未纳入试点的家庭进行比较，以确定该项目是否产生了预期结果。这将有助于为选择哪一些家庭项目值得进一步投资提供参考。

有时候，进行科学实验是不可能的，甚至是不可取的。例如，在管理员工信任赤字时，对一些利益相关方而不对其他利益相关方验证解决方案可能会导致无意偏差。在医疗保健中，为某些患者群体而不为其他患者群体提供医疗可能是不道德的。无论这是不是一个对照实验，最重要的是对信任分数进行跟踪并根据结果加以调整。

我们想触及的另一项挑战与行为改变有关。有人问我们："试图影响人们的行为是否道德？"当然，这没什么不道德的。当一家饮料公司发布一种新配方饮品时，它希望鼓励人们多尝试，于是它可能会通过促销活动（如“买一送一”）来吸引顾客品尝它的这款新饮品。另外，提供优惠券的效果要胜过提供一杯免费饮料，这也是一种影响行为的尝试。就其本身而言，这种尝试既不应该是不道德的，也不应该是肆无忌惮的。我们提出的既不是操纵游戏，当然也不是做出空洞的承诺（如“漂绿”或虚假广告）。组织赢得忠诚的基础是做出良好的承诺并信守承诺。信任试点的目标是通过做出和兑现适当的承诺来推动互利。领导者改变他们自己的行为，是为了以一种创造互惠价值交换的方式改变员工和客户的行为。

组织赢得忠诚的基础是做出良好的承诺并信守承诺。

信任试点的目标是通过做出和兑现适当的承诺来推动互利。

战略性地扩展并衡量影响

一旦确定了试点项目和干预措施的有效性，你就可以确定你想要扩展的程度和速度。在这里，我们将从成功的有组织技术推广中汲取经验教训，这些技术推广利用试点项目及用例来预估障碍并展示价值。一系列的小进展可以在更大范围内证明信任实践的价值，并为将这种做法推广至整个组织提供了有力的论据。

我们的意思不是说实施和扩展这些试点项目很容易。我们并没有有针对性地解决许多挑战，例如数据获取、跨职能协作、运营或供应链调整等方面的挑战。有些解决方案比其他解决方案更难实施，并且需要开发后端技术。另外，外部供应链的挑战可能会破坏为克服能力不足所做出的努力。在汽车行业，如果你的供应商无法提供足够的芯片，你就生产不出足够的汽车，这样就会引发“下游效应”，影响客户对车企生产能力（无论是否有保证）的认知。

根据我们的经验，观察你与人们沟通的方式的效果以及你提供给他们的信息获取途径能够带来一些最快的进展。尽管提高透明度和人性化可能需要改变文化规范，但却是取得进展的好方法。因为建立信任是一项多职能实践，所以最好与内部合作伙伴一起开始扩展。市场营销有助于传达你的信任承诺。正如后续章节所述，更大规模的项目可能会谋求人才、技术和其他方面的帮助。对试点项目来说，激发高管们的兴趣并得到其支持至关重要，因为与组织如何建立信任有关的标准最终是由高管团队说了算。

随着时间的推移，你（无论是作为个人还是作为品牌）对建立信任的承诺都可以推动实践行动朝着使你的组织、你的关系以及你本人变得更好的方向发展（我们希望如此）。接下来几章的目标是开启你的建立信任之旅，我们将在其中逐项职能地探讨建立信任的挑战和原则。

第 10 章
高管领导力

本章将讨论：

- 首席执行官在建立信任中的角色
- 首席执行官们面临的信任挑战
- 首席执行官们建立信任的原则

首席执行官在建立信任中的角色

我们很同情现在的首席执行官们。工作本身就已经够难的了，而工作职责和公众关注又可能使他们压力山大。在一个信息无时不在、无处不在的世界里，首席执行官们不仅要对自己的行为负责，而且还要面对每一次产品召回、客户服务投诉、措辞不当的内部电子邮件或执行不力的广告活动所带来的潜在后果。任何员工、客户或合作伙伴所说或所做的任何事情都可能会成为头条新闻，都可能会削弱信任。无论是哪种类型的组织（上市交易的或私人持有的、营利的或非营利的），所有这些问题最终都汇集到了首席执行官这里。

并不令人感到意外的是，有 96% 的受访首席执行官将建立和维护信任视为他们的首要任务。然而，许多组织仅仅将信任事件视为火警讯号。一些领导者认为一切安好，直到警报响起时才会担心。最近一项关于负面信任事件对大公司影响的研究发现，与信任相关的负面事件侵蚀了一家汽车公司高达 56% 的市值。因此，首席执行官必须将信任作为优先事项来考虑。

并不令人感到意外的是，有 96% 的受访首席执行官将建立和维护信任视为他们的首要任务。然而，许多组织仅将信任事件视为火警讯号。

为了深入了解驾驭信任在这个充满挑战的时代意味着什么，我们与两位来自营利组织和非营利组织的首席执行官分别进行了会谈。其中一位是美国最大的专业服务组织领导者——德勤的首席执行官乔・乌库左格鲁（Joe Ucuzoglu）。乔与多个行业的客户都有积极接触，他经常谈到建立包容性文化、工作的未来、领导力的演变本质以及企业在引领社会中必须发挥的作用等话题。除了担任德勤首席执行官外，乔还是一位丈夫、父亲和狂热的体育爱好者。他很自豪地在办公室里放了一个足球、一个篮球和一个橄榄球，而且他的视频会议窗口就是以这三个球为背景的。我们的另一位会谈对象是非营利组织——“女性与企业中心”（CWE）的首席执行官加布丽埃勒・加比・金・莫尔斯（Gabrielle “Gaby” King Morse）。该中心致力于帮助女性企业主创办和发展她们的企业。加比自 2019 年起担任该中心的首席执行官，她是女性经济赋权的热情倡导者。除了领导 CWE 外，加比还和她的家人享受着“郊区农民”的生活，一家人养鸡养鸭，还生产香蒜酱。而且，加比还向我们保证，她们生产的香蒜酱是波士顿以西 50 公里范围内最好的。为了了解乔和加比对首席执行官在建立信任方面所扮演角色的看法，我们需要先介绍一些他们各自组织的历史。

1845 年，威廉姆 · 威尔奇 · 德勤（William Welch Deloitte）在伦敦创办了德勤会计师事务所。在其以“资本市场的信任守护者”为己任的大部分时间里，德勤都专注于会计和审计。在公司开业几年后，威廉姆 · 德勤接受了上市企业——大西部铁路公司（Great Western Railway）的独立会计师一职，是首位担任该职务的人。他上任时正值大西部铁路公司股价下跌之际，董事会任命他的目的是为了“提振人们对铁路公司管理层的普遍信心”。几年后的 1856 年，伦敦市政府要求德勤调查大北方铁路公司（GNR）的欺诈行为，这可以说是他职业生涯中最引人注目的事件。GNR 坚持认为，德勤的调查应以一种快速且成本低廉的形式进行，但威廉姆 · 德勤坚持自己的立场，认为 GNR 不能在要求出具完整、准确的审计报告的同时还要要求快和要求廉价。结果，GNR 突然停止了审计，并解雇了德勤。德勤对高标准诚信的坚持证明了他的话是可信的——这是作为专业服务顾问最重要的一点。如今，信任仍然是德勤价值观和治理的基础，也是其对公平工作场所的承诺。正如乔经常说的那样：“我们的信誉是我们的终极资产。如果德勤说了什么，人们会预期这些话是正确的。”乔选择在德勤度过他职业生涯的大部分时间，主要有两个原因：一是能为一个帮助客户解决最复杂问题的组织服务，让他觉得机会十分难得；二是能为维护人们对资本市场的信任和信心出力，令他倍感责任重大和自豪。

CWE 最初是建立在为女性企业主及其社区提供小额贷款支持这一原则的基础上，25 年来，它一直致力于“撑起那些撑起世界的女性”。CWE 为近 6 万名主要来自低收入群体的女性提供了支持、培训和工具。其中，1/3 具有种族和民族多元性，近 20% 失业。加比表示，在她开始就任 CWE 的首席执行官时，她很高兴能致力于如何为女性赋予更大的经济权利。在加入 CWE 之前，她已经在优望（uAspire，一个专注于学生经济赋权的大学负担合理化组织）工作了 10 年。担任

CWE 首席执行官一职，将加比对经济公平的热情与她在建立专注于社会影响的高效领导团队方面的经验结合起来了。

2021 年秋季，《财富》杂志和德勤对 100 多位杰出首席执行官进行了调查，询问他们如何看待自己的工作。回答从“首席澄清官”到“一部分是教练，一部分是哲学家，一部分则是执行领导者”。乔告诉我们，他认为自己是“信任倡导者”。加比表示，作为首席执行官，她最重要的角色之一是与 CWE 的执行管理层合作并指导其成为一个高效的领导团队，而“信任是其中重要的构成要素”。

首席执行官们面临的信任挑战

我们识别出了首席执行官们在试图建立信任时面临的三项关键挑战。

- 首席执行官的角色演变
- 许多利益相关方的优先事项相互冲突
- 缺乏目标问责制

首席执行官的角色演变

当我们开始与乔谈论信任时，他提醒我们，专制的、无所不知的首席执行官舒适地坐在转角的办公室里发号施令已成为过去。正如他所说：“如果说这种做法之前就过时了，那么新冠疫情在使得命令控制型首席执行官完全落伍的同时，还为新一代领导力和对首席执行官的新期望创造了机会。”他详细阐述道：“现在，首席执行官并不是要去寻找所有问题的答案，而是要能够综合大量的复杂信息，并与利益相关方一起理解这些信息，从而帮助他们了解情况。”

当几乎所有机构都遭遇信任度下降时，员工们会转向自己的首席执行官寻求可信和透明的信息，尤其是在动荡时期。2022 年“爱德曼信任度调查”表明，企业比非政府组织、政府和媒体更受信任。就最可信信息来源而言，“我的首席执行官”排名第三，仅次于科学家和同事，而“其他首席执行官”排在第七。正如乔所说，首席执行官被认为是一个可信的“信任来源和乐观来源”。而要做到这一点，首席执行官必须“不断重新赢得信任”。乔告诉我们，在新冠疫情期间，当事情迅速变化甚至每天都在变化时，重要的是提供可信信息，而不是粉饰信息。他意识到，作为首席执行官，他应该进行直接且透明的对话，他不应该总是告诉人们想听的，而是应该告诉他们需要听的。只有到那时，他才能以一种听起来不那么空洞的乐观发声。

许多利益相关方的优先事项相互冲突

从股东到董事会成员、员工、客户、监管机构和地方官员，首席执行官必须考虑不同利益相关方的声音。“存在很多利益相关方”这一事实并不新鲜。新的是，首席执行官必须关注的力量平衡和优先事项正在发生变化。在过去，首席执行官的服务需求层次十分明确，即最终对董事会和股东负责，实现盈利。而现在，首席执行官必须与那些并不总是在共同目标上保持一致的竞争性利益相关方建立信任，同时顾及更广泛的利益相关方。2019 年，一件极具新闻价值的事件发生了，即参加美国商业圆桌会议（Business Roundtable）的领导者发布了一份由 181 位首席执行官签署的声明，这些首席执行官承诺带领他们的公司造福所有利益相关方，而不仅仅是股东。该声明还呼吁，公司应通过合乎道德的和公平的行为为客户、员工、供应商和社区创造价值。该圆桌会议成员致力于他们自己和他们公司的透明度、多样性、包容性和可持续性，使社区的成功能为所有人都带来经济繁荣。IBM 前首席执行官、该圆桌会议成员罗睿兰（Ginni Rometty）当时表示："社会给了我们每个人经营许可。这是个社会是否信任你的问题。"

首席执行官们必须处理相互矛盾的需求，做出一些利益相关方群体认为很好而另一些利益相关方群体认为糟糕的决定。这种代价和稳定性之间的权衡困境，是首席执行官们面临的众多困境之一。

为了说明非营利组织首席执行官面临的诸如在CWE资助者和员工之间进行权衡的问题，加比举了另一个例子："如果我有一位资助者想为一个新项目捐款，但我的员工告诉我，他们不确定我们以目前的能力如何实现这一目标，那么我会向这位资助者反馈说，'我们很欢迎你想做的事情，这符合我们的战略计划，但我们需要更多人来做成它'。"

她继续说道："我把员工的福利放在首位。许多组织都对一种不可持续的奉献定义做出了承诺，从长远来看，这有可能伤害一个组织及其员工。人们认为，奉献就是为客户提供超越一切的服务。这最终会发生的是员工更高的倦怠感和离职率。当我们不得不依赖初级或缺乏经验的员工时，我们的效率并没有那么高，我们也不可能给客户提供最好的服务。以奉献的名义过度工作是一种短视的做法。我总是在非营利组织看到这种情况。"

当加比得知她的一名员工在过去三个月里都没有休假时，她告诉这名员工：休假不是一种选择，而是一种要求。加比还提醒团队成员："我们必须确保竭尽所能地为客户提供服务，而你的筋疲力尽不会帮助到任何人。你们要为员工做出表率，照顾好自己将对你的同事、对我们支持的女性企业家产生重要的积极影响。"

缺乏目标问责制

目标（即利益相关方眼中的"为什么"）是任何组织的基础，为组织的存在、要解决的问题以及在社会中扮演的角色提供了依据。首席执行官们经常明确地或含蓄地将自己看成是组织中的首席目标官，无论他们是否聘用了其他具有该头衔的人。领导一个有目标的组织面临的最大挑战之一是缺乏问责制。正如乔所分享的那样，只有当领导者“出于恰当的理由而不是试图制造头条新闻”来灌输目标感，然后用行动和问责制来支持这些目标声明时，建立一个目标驱动型组织才可能成功。2021 年，德勤公司在与《财富》杂志联合开展的研究中发现，68% 的受访首席执行官计划将企业目标作为吸引和留住人才的一种方式。然而，目前有 26% 的领导者表示，他们的组织没有将收集和报告与目标相关的数据列为优先事项。另外，有 67% 的领导者表示，他们的薪酬与组织的目标优先级无关。组织目标是保持对长期价值关注及应对复杂风险的最佳方式，它使得组织更专注、更有韧性并更值得信任。然而，组织目标的实现并没有得到一致的衡量、报告或者没有与薪酬挂钩。

加比与我们分享了可问责组织目标对 CWE 意味着什么。“当我向董事会报告时，他们想知道两件事：一是我们如何实现财务目标（像任何公司的投资者关心的一样），二是我们如何实现终极目标。如果我们支持的女性无法提高她们的经济赋权水平，那实现我们的财务目标就变得毫无意义。”为此，加比说，“为女性企业家创造机会，使她们在每个组织层面都能分享她们的反馈、想法、挑战以及 CWE 如何更好地为她们工作，这一点至关重要。”

当我们第一次向加比介绍，如何用 HX TrustID 来衡量 CWE 客户和员工对 CWE 实现其目标的信任程度时，她很热情、很兴奋。这种兴趣并不是因为 CWE 的初始信任分数很高，而是因为她们可以开始非常清楚地知道：为了增进每天与之共事的女性的信任，她们需要专注于哪些领域。正如加比所说：“如果我们不被最脆弱的客户信任，那这就是我们应该关注和着力的地方。只有这样，我们才能对所有客户产生最大的影响。”

首席执行官们建立信任的原则

首席执行官的大部分注意力都集中在了建立并增强能力和可靠性上。两者都是推动所有利益相关方实现增长和价值的筹码，也是赢得员工和客户信任的不可或缺因素。因此，高管们耗费大量精力在整个企业中传递这些因素是可以理解的。

为了帮助首席执行官们建立信任，下面我们要重点讨论能力和可靠性之外的两项原则。

- 设定明确的信任目标
- 成为更具“人性化领导”特征的榜样

设定明确的信任目标

建立信任应成为首席执行官的首要任务。为了向组织明确这一优先事项，首席执行官们需要围绕信任设定目标，这样他们才能使自己和团队都负起责任。这些目标是通过透明的衡量和报告来实现的。由于担心误解可能会削弱信任，所以许多领导者都在努力提高透明度。乔断言，首席执行官的职责将是以可问责的方式保持环境的透明性：“信任并不意味着在固有的不确定环境中提供确定性，而是与明确你不知道所有事情和你道出了所有真相有关。”环境很重要，对利益相关方问责和依靠利益相关方来问责同样也很重要。当首席执行官能够

> **“信任并不意味着在固有的不确定环境中提供确定性，而是与明确你不知道所有事情和你道出了所有真相有关。”**
> **——乔·乌库左格鲁，德勤美国首席执行官**

帮助其利益相关方理解他们共享的数据、信息或证据背后的整体情况时，就会赢得信任。这种环境能够促进更明智的决策，并有助于设定目标。在使领导者承担责任的同时，这些目标会产生最大的影响。

2021 年，作为实现明确的信任愿望的一个例子，乔决定发布德勤有史以来第一份关于多样性、公平性和包容性（DE&I）的透明度报告。《多样性、平等性和包容性透明度报告》做出了将德勤美国员工中黑人和西班牙裔或拉丁裔专业人员的数量增加 50% 的可衡量承诺。该报告还承诺，到 2025 年将女性在其美国员工中的代表性提高至 45%。在同样重要的文化方面，该报告承诺："解决人才体验的不一致问题，让黑人、西班牙裔或拉丁裔、非二元性别群体和彩虹群体（LGBTQIA+）专业人员觉得他们可以做真实的自己。"

乔从一开始就意识到，分享这份报告意味着做出权衡取舍。一方面，透明地宣布德勤在促进公平和建立信任的目标方面所取得的进展是向前迈出了一大步。另一方面，这种透明度又可能会使德勤招致批评或面临风险。因此，乔需要从多个不同的角度来判断所披露的一些信息是否会产生负面影响。德勤既可能说得太多，也可能说得太少。"把一切都公布出来"的想法会让一些利益相关方感到不安。

从乔的角度来看，透明地分享 DE&I 信息的风险远超什么都不说的风险。乔采取的方法是：承认进展很缓慢，并承诺自己和其他高管会承担责任。"我们的工作尚未完成。我们的组织必须继续承认我们所处的现实以及我们需要在组织内部和社区取得的进展。我们必须致力于在新闻周期的波动过后产生越来越大的长期影响。"然后，乔更进一步，从透明度转向问责制来建立信任："如果你过度汇总数据，人们会认为你是在试图隐瞒一些令人不安的东西，而当你把所有这些都公布时，你是在报告 DE&I 的状况以及你打算如何改进，你会获得可信度并建立信任。"这种具有具体可衡量目标和时间表的透明度还考虑了内外部问责制，这两者都会带来更大的进展。

成为更具“人性化领导”特征的榜样

我们一次又一次地看到，人性化在帮助组织和领导者建立信任方面是多么重要。因此，第二项原则与成为组织其他成员的榜样有关，即谦逊的、脆弱的、真实的领导看起来、听起来和做起来是什么样的。这是乔的核心支柱。“我坚信，人们不期待完美。表现出人的本性没什么问题，人都会犯错。但你的组织应该能够预期诚实和脆弱性。员工们想知道你哪些事做对了，哪些事做错了。最重要的是，他们想知道你从中学到了什么，以及你将如何做得更好。”

加比与我们分享了一个故事，这个故事讲述了她与她在上一个组织管理的领导团队一起冒险的经历，这个团队永远改变了她领导团队以及与团队合作的方式。“在一次外出静思会上，我们同意进行一次实验，让我的领导团队来决定我未来三个月的优先事项和目标。当我的团队讨论时，我回到静思中心为我们所有人做晚饭。在接下来的两个小时里，他们确定了我的目标和优先事项。我很快意识到，他们非常清楚我应该把时间花在哪里。当他们向我展示为我确定的目标和优先事项时，我看到了我一直在关注但为了变得有效而需要放弃、授权或搁置的一些事情。”

“当你感到孤独时，你是做不好事情的。”
——加比·莫尔斯，女性与企业中心首席执行官

谈谈谦逊的领导。如果每位领导者都能在他们的团队中拥有这样的经历，会怎样呢？加比说：“我喜欢讲：‘当你感到孤独时，你是做不好事情的。’” 你与团队的关系必须是一种对员工的完全互信，并以人性化为基础。加比总结得很好：“这是个相互信任的问题，同时也是个完全值得信任的问题。”

在接下来的章节中，我们将把注意力转向世界各地的领导者的另一项首要任务，即可持续性与公平性。

第 11 章
可持续性与公平性

本章将讨论：

- 可持续性与公平性在建立信任方面的作用
- 实践可持续性与公平性的领导者面临的信任挑战
- 建立信任的可持续性与公平性原则

每一代人都必须信任上一代人能创造一个可持续的未来，也许没有什么问题比这更重要的了。我们有五个孩子和十多个侄子、侄女，毋庸置疑的是，我们很关心他们将要继承的未来世界。然而，我们也痛苦地意识到，年轻一代并不相信老一辈会为他们的未来做出正确的决定。

1987 年的《布伦特兰委员会报告》将可持续发展定义为："在不损害子孙后代满足其自身需求的能力的前提下，满足当今需要的发展。"联合国教科文组织在这一定义的基础上指出："可持续性是一种思考未来的范式，这种范式使得各种环境、社会和经济因素在追求提高生活质量的过程中得到平衡。”

组织对社会的影响包含环境、社会和治理（Environmental，Social，and Governance，ESG）这三个核心因素。ESG已风靡全球，并在许多情况下已成为可持续性与公平性的代名词。“环境因素”描述了一个组织对地球的总体影响，包括污染物排放或净零排放目标等直接影响。“社会因素”解释了一个组织如何通过人才多样性计划、以公平性为核心的政策、对社会和政治问题的倡导以及慈善事业等行为来对待包括员工和其他人在内的所有人。“治理因素”涉及遵守法律法规和自我治理（如反腐败规则和商业道德）等内部机制。ESG这三个因素共同衡量了一个组织在全方位社会问题上的可持续性、公平性和整体影响。

为了帮助我们理解可持续性、公平性和信任之间的关系，我们拜访了我们的朋友和同事克丽丝·鲁杰里（Chris Ruggeri）和约翰·皮托（John Peto）。克丽丝领导了我们的风险与财务咨询团队的可持续性、气候与公平性实践。同时，克丽丝也是一名城市园丁，人们经常发现她在布鲁克林的后院或者在社区花园做志愿者。另外，克丽丝还担任了纽约市市民委员会主席，该委员会是一个旨在为所有纽约人改善机会的非营利组织。约翰领导了我们在美国的可持续性、气候与公平性咨询业务实践。我们很惊讶地得知，约翰曾做过养牛人、商业渔民、记者和招聘人员，所有这些工作都使他能够从更丰富的视角来看待人类和地球。

我们还寻求从一线专家那里获取专业知识，包括赛富时公司（Salesforce）总裁兼首席财务官艾米·韦弗（Amy Weaver）和哥伦比亚大学国际与公共事务教授卡罗琳·弗拉默尔（Caroline Flammer）博士。韦弗负责平衡赛富时的收入增长与未来投资，她自认为是可持续性的拥护者。另外，韦弗还是非营利组织“仁人家园”的董事会成员，阿什莉很快便发现，韦弗也是韦尔斯利学院的校友、湾区三个男孩的母亲和狂热的旅行者。弗拉默尔博士是可持续投资方面的专家，获得过许多奖项。她的研究考察了企业提高长期盈利能力的途径，即在应对气候变化、不平等、全球健康以及其他与社会和自然环境相关的重大挑战时发挥关键作用。此外，弗拉默尔博士还是联合国"责任投资原则组织"的学术咨询委员会主席。

可持续性与公平性在建立信任方面的作用

管理可持续性的实践基于这样一种信念，即目标（包括组织对社会的更广泛影响）和利润可以而且应该相互加强。然而，实际情况并非总是如此，这一概念花了很多年才完全扎根。20 年前，美国的大多数组织都以股东价值最大化为导向。非营利组织完全专注于他们的单一使命。环境或社会问题并不被认为是公司问题，治理也主要是为了公司的运营合法合规。

管理可持续性的实践基于这样一种信念，即目标（包括组织对社会的更广泛影响）和利润可以而且应该相互加强。

快进到今天。希望自己的组织得到信任的领导者很清楚，他们必须解决可持续性和公平性问题（如上一章谈到的美国商业圆桌会议声明）。毕竟，你不可能信任一家不关心环境、忽视人类基本需求或无视法律的公司！在德勤 2022 年的一项研究中，有 84% 的受访者表示，当消费品公司的品牌不符合可持续发展预期时，他们会失去对这些品牌的信任。另有 54% 的高管认为可持续发展是 2022 年最重要的创新领域。近 1/2（45%）的消费品公司在进行旨在改进其 ESG 报告的重大投资。同时，客户也在关注组织如何对待员工。当雇主了解员工的需求和欲望，并设计出符合其价值观的人类体验时，客户对这些组织给出较高人性化评价的可能性要高出 2.4 倍。想要建立信任的组织必须反思其与地球及人类的关系（见图 11-1）。

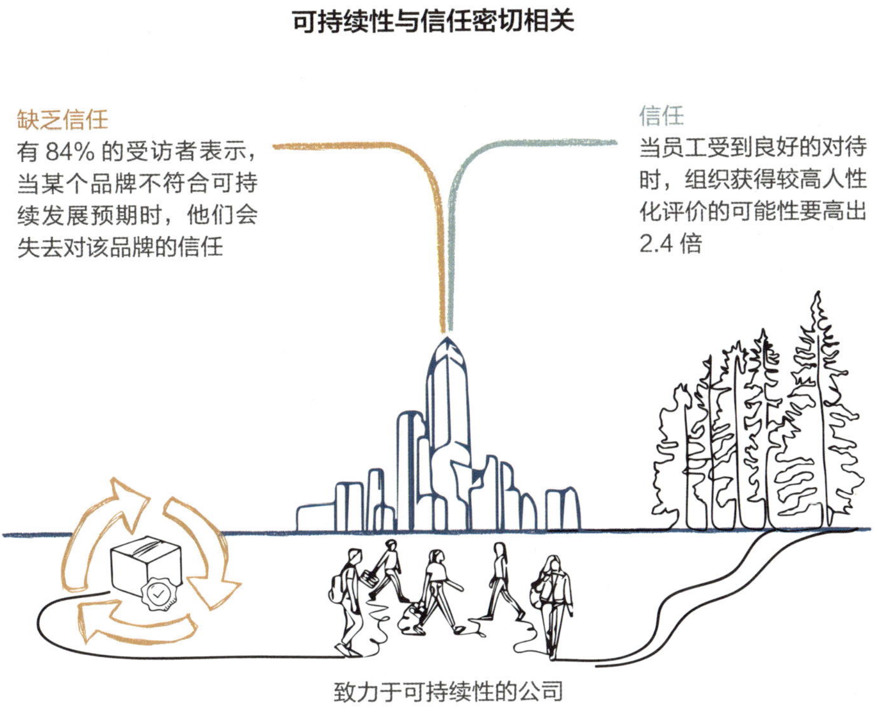

图 11-1

关注可持续性能够给信任带来广泛的益处。例如，加强对可持续性的关注将有助于吸引最优秀的人才，因为抢手的员工希望雇主分享他们的价值观，比如对环境的关注。从 2020 年起，Z 世代开始大学毕业并进入职场，他们最关注的是气候变化和环境保护。人们希望在一种通过尽可能广泛的方式尊重人性的文化中工作，这些方式包括公平对待员工，在多样性、公平性和包容性方面取得进展，与践踏人权的供应商脱钩等。当领先科技公司的顶尖人才通过罢工来支持

“#MeToo”（我也一样）运动时，他们就是在告诉公司：要在某个重要的公平性问题上做得更好，要取得看得见的进展。

超过一半的高管表示，他们在可持续性方面的努力对公司收入增长及整体盈利能力产生了积极影响。首席财务官们尤其注意到了这一点。赛富时首席财务官艾米·韦弗表示：“我们必须专注于利润和可持续性方面的表现，两者并不互斥。我们喜欢采取一种整体方法，我们发现，仅仅开发优质产品并实现利润已经不够了。将可持续性纳入我们的企业战略有助于确保我们实现23年前确立的价值观。”

可持续性所需的信任甚至正在改变一些职业。例如，我们认识一位律师，他在一家大型律师事务所领导可持续性业务。这位律师告诉我们，在他职业生涯的大部分时间里，他认为自己都是在问：“我如何让我的客户避免麻烦？”这包括游说反对通过新的健康和安全法规，以及为客户辩护，使其免受环境危害的投诉。而现在，他认为自己的工作是帮助客户“做正确的事情”。他的观点发生了微妙但至关重要的转变。他提出的新问题是：“我如何‘证明’我的客户在做正确的事情？”但要对此进行衡量却并不容易，因为不同利益相关方对“做正确的事”的定义可能不同。下一节将讨论这个问题及其他挑战。

实践可持续性与公平性的领导者面临的信任挑战

建立可持续信任颇具挑战性的原因之一是，利用ESG来衡量和报告可持续性这个领域相对较新。首先，虽然ESG专业知识在不断增长，但仍供不应求。其次，将组织的活动范围延伸至盈利之外，以满足诸多利益相关方需求是一种平衡行为。最后，缺乏衡量和报告ESG的全球标准，因而很难在公司或行业之间进行比较。本节将讨论以下三项主要挑战。

- ESG 技能供不应求
- 一种长期的平衡行为
- 缺乏报告标准

ESG 技能供不应求

许多组织都在争先恐后地满足公众日益增长的可持续期望，因此，对 ESG 专业知识的需求已经超过了一些组织跟进的能力。事实上，70% 的首席财务官担心 ESG 人才短缺会阻碍他们实现短期目标的能力。2020 年，首席财务官协会在其职位描述综述中指出，6% 的投资职位提到了可持续性相关技能，而只有 1% 的投资专业人士在他们的领英（LinkedIn）个人资料中列出了这些技能。这一挑战对金融业而言尤为严峻，为了给可持续性问题提供明显的财务支持和投资，金融业一直在迅速转型。例如，在过去几年里，可持续性方面的投入迅速增长，2020 年的总额已超过 35 万亿美元，占所有管理资产的近 1/3。

人才供应短缺的部分原因是可持续性这个领域太年轻了。亚利桑那州立大学声称，它于 2006 年创立的可持续性学院是首所此类学院。现在，许多主要大学都开设了将可持续性、商业和工程设计结合在一起的可持续课程。此外，“可持续性”也迅速成为商学院的热门话题。2021 年，沃顿商学院开设了 50 多门与社会影响相关的课程。2022 年 9 月，斯坦福大学计划成立一所致力于“创造一个人与自然和谐共生、永续繁荣的未来”的新学院。尽管经验只能随着时间的推移逐步积累（这表明更多需要丰富经验的高级职位短期内仍难以填补），但我们预计这一领域的专业知识水平会不断提高。

一种长期的平衡行为

二三十年前的需求层次相当明确，即组织最终要对董事会和股东负责，以实现股东价值。然而现在，组织需要考虑的是如何在推动盈利可持续增长的同时改善和保护环境，并在所有人类利益相关方中建立公平，而不仅仅是考虑股东（尽管因为可持续性投资市场越来越大，股东对此也很关心）。

我们认为，这成为一个关乎信任的问题并不令人感到意外。如果一家公司不投资于社会的公平发展，员工怎么会信任它？如果一家公司忽视了它对环境的影响，客户怎么会信任它？如果员工和客户的信任度较低，股东又怎么会放心地投资呢？实际上，我们越来越希望看到推动利润增长与关注可持续性的和谐共生。约翰·皮托告诉我们："可持续性和信任是最亲密的伙伴。透明地分享目标进展和信守承诺将赢得利益相关方的信任。而反过来，这种信任又将带来客户、合作伙伴和员工的忠诚。反之亦然。不能赢得信任将会引起怀疑，使任务完成变得愈加困难。更进一步，真实地展现意图和行为很重要。人人都知道，实现完全的可持续很难，进步并不总是很顺利、很完美。展示意图的严肃性和真正的透明度是脱颖而出的最好方法。"

有证据表明，强劲的可持续表现能改善财务表现，从长期来看尤为如此。良好的 ESG 记录预示着组织的整体健康状况良好。ESG 评分较高的组织更有韧性，其制度和治理往往也更强大，并更善于应对混乱和缓解波动。美银美林（Bank of America Merrill Lynch）在研究中发现，ESG 评分居于前 25% 的标普公司每股收益波动率仅为 5%，而 ESG 评级居于后 25% 的标普公司每股收益波动性则高达 25%。同一项研究还表明，对 ESG 评分的分析评估本可以帮助投资者避免 90% 的破产。在 2005 ~ 2015 年，有 17 家标普 500 指数公司破产，其中 15 家的环境和社会评分较低。

ESG 评分较高的组织更有韧性，其机制和治理往往也更强大，并更善于应对混乱和缓解波动。

忽视可持续性的组织也有可能触犯法律并引发股东积极主义

（shareholder activism）。而要在这种情况下解决可持续性问题，可能会耗资巨大。这就像推迟维护道路或桥梁会增加其最终修复成本一样，推迟可持续性行动可能会导致这方面的投资在未来几年内大幅增加。最重要的是，我们知道，可持续性问题会对财务表现产生影响，存在可持续性问题的公司其股价可能会在一年或更长时间内下滑。

这是否意味着组织需要考虑所有可持续性问题呢？哈佛商学院教授乔治·瑟拉菲姆（George Serafeim）认为，组织应该关注对其业务具有重要战略意义的可持续性问题。碳排放量较大的航空公司应该考虑控制其环境影响。而对于一家金融科技公司来说，同样的话题可能不那么重要，因为它的产品和服务不会产生同样的碳排放影响。瑟拉菲姆教授写道："结果非常一致，在风险调整后的股价表现、销售增长和盈利利润率增长方面，对重大 ESG 问题投资的公司其未来表现要优于同行。相比之下，对非重大 ESG 问题投资的公司与同行的表现十分相似，这表明，这些投资平均来说没有什么价值。"

当然，挑战在于理解哪些投资很重要。不了解脱碳所需细节的组织有很多，不具备金融知识来支持所要投资类型的商业案例的组织也有很多。这个问题会继续存在，直到人才供应跟上发展速度，且可持续性金融专业知识更加普及。

我们有理由相信两点：一是可持续性投资是驱动组织信任的重要因素；二是投资于对组织具有战略意义的可持续性问题能改善财务表现，并降低波动性。问题是，这种关注需要具有衡量相对可持续性表现的能力，而且现在，标准的缺乏和专业知识的缺乏对有效做到这一点构成了重大挑战。

缺乏报告标准

迄今为止，公开市场中的 ESG 报告和披露在很大程度上都基于

“诚信体系”，任何类型的第三方数据验证或一致应用的通用标准都很缺乏。因此，许多利益相关方仍然对 ESG 数据质量持怀疑态度。甚至一直跟踪和报告 ESG 数据的公司从事这方面工作的时间也不长，而且同行公司的 ESG 数据是否真的可以拿来逐一比较，同样令人生疑。

弗拉默尔博士认为这是一项根本性挑战，他说：“衡量的确是个大问题。许多国家并没有强制要求披露非财务信息，这意味着全球各地的许多公司都不需要报告其环境和社会表现。同时，这种缺乏强制性披露要求的情况还伴随着缺乏一致性披露标准。也就是说，公司可能会自愿披露这些信息——但通常是以非标准化方式进行的。”这使得投资者很难比较各公司的社会和环境表现，同时也使得各公司很难与业内同行进行有效比较。

根据 ESG 目标来衡量表现也很难，因为很多类型的影响不易量化。如果因为员工更具包容性或主动性而使得“种族平等”这个社会和商业目标与更好的企业绩效相关，那么利益相关方就会对种族平等方面的关键绩效指标（KPI）感兴趣。然而，除非设计得当，否则对这些指标的衡量很难跟踪，很容易被操纵或作假，也就是说很难量化，而这最终会影响信任。

我们正开始看到标准化方面的进展。在格拉斯哥举行的 2021 年联合国年度气候变化大会（COP26）上，国际财务报告准则基金会（International Financial Reporting Standards Foundation）受托人宣布成立国际可持续性标准委员会（ISSB）。ISSB 将为一致的 ESG 报告奠定基础，并可能会推动 ESG 报告标准化取得重大进展。美国证券交易委员会定期对气候变化信息披露的监管情况进行评估，并于 2021 年 3 月就有关上市公司潜在披露规则的十多个问题征求了公众意见。

除了监管行动，我们还看到了一个新行业的出现——ESG 评级。ESG 评级提供商包括 MSCI ESG 研究、道琼斯可持续性指数、晨星可持续分析公司、汤森路透ESG研究数据中心、穆迪投资者服务公司和标普全球等。然而，每个评级提供商都是各自使用自己的一套方法，在我们撰写本书之际，还没有出现一个明确的市场领导者。另外，这些评级是如何被使用以及被哪些组织使用的也在不断发展变化中。例如，一些金融机构开始将ESG评级作为其投资决策签字出资过程的一部分和代理投票的参考。但标准化行业惯例的出现还为时尚早。我们预计，该行业将遵循一条典型的接受曲线。在这个过程中，一些参与者将成为领导者，其制定的标准将得到广泛理解和采用。

建立信任的可持续性与公平性原则

可持续性和公平性与信任密切相关。为了与关键利益相关方建立信任，组织必须在可持续性以及公平的业务实践和ESG报告方面持续投入。此外，这些努力还应继续关注ESG中的“G”（治理）以及通过员工来塑造企业责任的必要性。我们将讨论以下原则。

- 透明地承诺、衡量和报告
- 通过员工实现可持续性

透明地承诺、衡量和报告

首先，一个组织必须致力于可持续性和公平性目标，衡量其进展，并对衡量结果保持透明。如果事情能像把它们写下来一样简单就好了。全世界都在关注可持续性并为取得这方面的进展投入了大量资源。为了给投资上市公司的选择提供参考，投资者越来越多地关注ESG数据。公司的可持续性和公平性计划越透明，就越能吸引这些投资者。

赛富时公司被认为是可持续性领域的领导者，它在履行其道德和社会责任的同时，实现了增长和创新。韦弗强调，衡量和报告可持续性对于利益相关方的问责和信任至关重要："我们有能力推动资源分配、透明度和可持续性方面的问责。特别是财务团队，可将重点放在能证明已取得实际成就的指标上。"在韦弗担任赛富时首席财务官时，她认为，为了确保 ESG 在这家金融机构中的核心地位，有必要设立一个新职位——即分管 ESG 财务的执行副总裁。

为了了解一个组织是如何衡量其业务的环境外部性（尤其是影响气候和人权的外部性）的，员工、客户和投资者越来越希望能获得客观的数据。他们希望有数据证明他们的组织和供应商对农民、动物、矿工和其他原材料供应商都很友好。他们想知道，一家公司的业务并没有以某种方式践踏发展中国家的人权或破坏发展中国家的环境。

政府和监管机构也在考虑这一转变。双方都在努力发挥更积极的作用，以确保环境和社会进步如所声称的以及法律所要求的那样取得进展。65% 的机构投资者认为，对 ESG 标准进行评估将在未来 5 年内成为标准做法，全球 ESG 资产预计将增长到管理资产总额的 1/3，达到 53 万亿美元的总市值规模。通过发现问题并在被迫应对之前采取实质性行动解决问题，那些先知先觉的组织很可能会在人性化和透明度方面赢得信任。

虽然向通用衡量标准的转变应该会给你一些提前期，但最近的监管变化表明，窗口可能正在关闭。克丽丝·鲁杰里表示："尽可能用最好的数据来解决可持续性问题。领先公司已经在制定新的报告标准。它们正先人一步，自己设定叙事，这意味着它们可能以一种有助于其品牌发展的方式来定位结果。"在我们认可建立信任的披露和报告标准之前，组织控制着叙事。那些真正带领利益相关方踏上可持续之旅的组织会在这一过程中提升自己的品牌和声誉。然而，那些把不可持续产品"漂绿"或把它们营销成可持续产品的组织会失去信任。事实上，消费品公司的高管将“漂绿”列为导致消费者失去信任的第三大原因。弗拉默尔博士指出：“你确实看到 ESG 领域的参与者越来越多，但关键在于，你要区分那些只是‘漂绿’的参与者和那些认真努力改善其社会及环境表现并言出必行的参与者。”对此，她解释道：“公司和外部利益群体（如消费者）之间的信息不对称这使得这些群体很难根据公司自身的主张来评估其实际可持续业务实践。为了缓解对‘漂绿’问题的担忧，各公司可以采用自愿的 ESG 披露标准，并通过独立的第三方认证机构对其产品和服务进行认证。”

公司应通过建立技术、流程、控制和治理来一致地获取数据，并在缺乏公认标准的情况下向利益相关方“证明”他们报告的内容是有质量的。对可持续性工作的强有力的内部治理衡量能够实现符合报告标准的内部决策和外部合规。为什么公司不能忽视 ESG 中的“G”，原因就在于此。这些体系构建使可持续性实践者能根据目标衡量进展。另外，通过给予其同样的正式认可，治理也有助于将可持续性报告提升至与其他领域报告（如财务报告）相同的水平。通过构建报告体系并任命相关官员，可持续性和公平性在关键对话中赢得了一席之地。这有助于增进整个组织的信任，因为支持和代表可持续性的人可以用与其他业务相同的量化语言来争夺资源并展示结果。

通过员工实现可持续性

业务表现并不是在可持续性和公平性方面取得领先的唯一原因。可持续性表现将越来越成为争夺、吸引、招募员工的竞争优势和关键差异化因素。员工满意度分数最高的组织其 ESG 分数要高出全球平均水平 14%。在德勤进行的一项 DE&I 研究中，有 40% 的受访者表示，如果他们不相信雇主会履行其 DE&I 承诺，他们甚至会考虑离职。千禧一代和 Z 世代人才对在实践可持续性与公平性的组织内工作特别感兴趣，这表明，随着这些世代成为主要的劳动力，“可持续性”对于未来仍然至关重要。

员工处于所有可持续性问题的中心，从选择如何采购产品到就可持续性努力进行沟通，再到以体现组织可持续性战略的方式与客户互动并为其提供服务。

可以说，员工是最重要的可持续性倡导者。根据一项针对首席财务官的研究，当被问及是哪些利益相关方在推动可持续性时，提到最多的群体是员工（42%），而组织领导层为 39%。为了使可持续性措施取得成功，组织的各层级员工都需要对推动可持续性负责。这意味着，实现组织的可持续性要依靠员工。重要的是，组织既要让员工具备解决可持续性问题的能力，又要有效地激励能推动长期可持续性表现的行为类型。

第一，组织应明确说明为什么可持续性对组织和员工都很重要。“实现可持续性”对组织意味着什么呢？是为了员工吗？可持续性的核心是人性化和共同繁荣的能力，因此组织必须将之与员工紧密关联。人们更有可能信任一个对利益相关方表现出同理心和善意的组织。例如，当组织在这些问题上表现出进步时，热衷于环境问题的人可能会感到被倾听和理解。一个组织可通过针对这些问题采取行动来赢得信任，因为这体现出了它们尊重这些人的价值观。相反，如果一家公司污染了一条河流，那么一位很关心依靠该河供水的人和动物的住在遥远的大城市的客户可能会不再信任这家公司，尽管她可能不会受污染实质性影响。

可持续性还意味着对社会做出负责任的承诺，并兑现这些承诺。正如我们在第 10 章中与乔 · 乌库左格鲁谈论的那样，透明地传达目标有助于推动问责。例如，赛富时于2021年在其整个价值链上实现了净零排放。另外，为了推动整个行业的可再生能源采购，它们还帮助加强了“清洁能源买方联盟”等合作。当被问及问责时，韦弗说：“所有高管尤其是首席财务官越来越认识到，ESG不仅有利于员工，而且对建立一家强大、持久的公司也至关重要。”

第二，员工政策明显体现了可持续性战略。工作场所既蕴含了强化可持续性和公平性证据的机会，也藏着实现可持续性和公平性的关键方法。例如，如果对不同背景和信仰的员工全身心投入工作都持欢迎态度的话，那这些工作场所最终会吸引社会资本。提倡环保选择的办公室政策（如从可持续的原产地回收和采购材料）展现了对环境的承诺，这对面临气候变化的年轻员工颇具吸引力。这些行动在强化可持续性选项对员工的重要性的同时，还鼓励他们积极参与可持续性实践。

为了通过推动长期合作来实现可持续性目标，赛富时对业务职能进行了整合。韦弗认为，整合可以让团队在个人化、同工同酬和气候行动等紧迫问题上更好地合作。她认识到了利益相关方要求在可持续性方面取得进展，她还承诺：“会继续寻找将所有这些团队整合在一起的方法，来高效、透明和高度问责地解决可持续性问题。”

第三，公司应该激励正确的行为。激励措施和绩效体系应鼓励长期获益而不仅仅是短期获益。尽管其中许多目标都要花很多时间来实现，但这并不意味着组织应在短期内避开这些目标。弗拉默尔博士告诉我们，对社会负责的做法通常并没有被纳入当今的公司战略和治理。可能的原因有两个：一个是“短视行为”或“缺乏长期导向”，另一个是“缺乏私人激励来让业务经理关注可持续的业务实践”。

无论是现在还是将来，可持续性都是一个关键的信任问题，并且是组织人性化的核心。透明地针对目标和结果进行沟通对于建立信任至关重要。领导者必须证明，他们不仅可以做出良好的短期选择，而且随着时间的推移，他们还可以在使业务增长的同时可靠地优先考虑可持续性和公平性问题。

虽然可持续性已成为企业一项相对较新的优先事项，但长期以来，营销一直都占据着这个优先位置。不过，企业最近基于技术的转变使得营销成了理解和赢得信任的一个动态领域。下一章将讨论这个问题。

第 12 章
营销与体验

本章将讨论：

- 营销与体验在建立信任方面的作用
- 营销与体验面临的信任挑战
- 建立信任的营销与体验原则

本章将我们带回到了我们最初的工作领域，我们很高兴能分享我们在营销与体验方面的综合经验。我们都是从摩立特集团（Monitor Group）这家管理战略咨询机构开始我们的职业生涯的，该集团于 2013 年被德勤收购。阿梅莉亚在拿到神学硕士学位后于 1999 年加入摩立特集团纽约办事处。阿什莉则于 2001 年加入摩立特集团的市场营销部门，她将自己在行为科学方面的所学应用到了工作中。我们俩都被营销与体验所吸引，因为从根本上讲，营销与体验属于人性化的范畴。

虽然广告自 15 世纪以来就已存在，但到了 20 世纪 20 年代，现代营销才深入人心，其重点是利用市场研究来了解客户行为从而使产品从竞争中脱颖而出。一个世纪后，首席营销官（CMO）仍在负责推动营销战略、关心品牌和指导营销活动。首席体验官（CXO）代表了一个新的领导职位，该职位通常负责制定客户体验战略，其中包括设计客户体验过程和针对性的干预措施来提升客户体验。我们看到，CXO的工作越来越多地涉及了员工体验。设有 CXO 或类似职位的公司数量从 2017 年的约 60% 增加到了 2019 年的近 90%。大多数公司仍同时设有 CXO 和 CMO，但对这些职位的预期可能有些重叠。例如，即使在客户购买了产品或服务之后，CMO 也应努力理解并提升客户体验，而 CXO 同样应知道如何通过引人注目的叙事来吸引新客户。

为了获得这方面的更多见解，我们采访了杰夫·洛根（Jeff Logan）和麦睿博（Robert "Bob" McDonald）。杰夫·洛根是普罗维登斯医疗与服务公司（Providence Health and Services）负责患者体验和市场运营的集团副总裁，该公司是一家遍布美国 7 个州的大型非营利医疗机构。洛根之前曾在美国海军担任上尉，曾在美国银行担任负责企业客户和员工体验的高级副总裁，曾在安森保险（Anthem）担任负责营销规划和战略的副总裁，他在领导力技能方面摸爬滚打了 20 多年。我们曾邀请杰夫·洛根为"德勤体验频道"录制一集关于信任的节目，这是我们第一次见到他。洛根热衷于利用他在金融服务行业、保险行业和军队中学到的一切来改变患者在医疗保健方面的体验。

另外，我们还采访了退伍军人事务部前部长麦睿博，了解了他与退伍军人及其家人建立信任的经历。在加入退伍军人事务部之前，麦睿博曾担任全球领先的品牌营销组织之一——宝洁公司的董事长、总裁兼首席执行官（你家里可能有 10 多个宝洁品牌的产品，如汰渍、吉列或佳洁士）。麦睿博带领退伍军人事务部经历了一段转型之旅，该部门最终成为美国联邦政府的头号客户服务机构。麦睿博面对摄像时的背景就是他从退伍军人事务部办公室带来的一面美国国旗和一幅雨中城市街道两边插着美国国旗的油画。麦睿博买这幅画是因为这会让他想起挂在白宫椭圆形办公室的蔡尔德·哈萨姆（Childe Hassam）的画作《雨中大道》（*The Avenue in the Rain*），他那时担任白宫秘书。他分享道："看到国旗和画作能不断提醒我肩负的责任。"

营销与体验在建立信任方面的作用

与《广告狂人》（*Mad Men*）节目信口开河地谈论广告（这些节目的见解很有限或根本就没有，不能为广告活动提供多少信息）的时代相比，营销已经走过了很长的路。《广告狂人》认为创意会推动销售增长，投放超级碗广告会带来盈利回报。但是，这些节目没有用数据来证明这一点，也没有讨论过"客户体验"之类的想法。

然而现在，营销与体验领导者大量地利用了数据，他们需要在艺术性和科学性之间取得平衡。领导者应科学地看待投资回报率，并在支出方面表现得更为明智。虽然优秀的创意仍然至关重要，但它们也要经过多轮分析和反馈。双向沟通渠道和工具（其中许多是数字化的）越来越多，也越来越重要。另外，客户也一直在变化。50 年前，精明的客户阅读《消费者报告》（*Consumer Reports*）。而现在，每个人都可以从易于获取的信息来源了解各种事实和观点。例如，推荐或警告不要使用任何产品、服务或品牌的在线众包星级评定。而且，营销也将人们重重包围了。客户和潜在客户无论走到哪里都会遭遇营销轰炸（有时这可能令人感到恐怖，详见第 14 章）。

没有改变的是营销人员的角色。营销这门学问的核心是识别人的需求，并将这些需求与组织所能提供的东西进行匹配。这需要明白地叙事，甚至更需要明白地倾听和观察以及丰富的同理心。随着体验的增强，你会认识到这门学问范围广泛并具有挑战性，它既可能因为信任问题创造价值，也可能因为信任问题侵蚀价值。如果你代表了一个可信品牌，那你就不必浪费有限的营销经费来使人们相信你的产品质量如何好、价值如何高。相反，你可以同人们交流你的品牌代表什么，甚至可以利用所赢得的信任来承担良好的创造性风险。

信任对营销与体验至关重要，你知道我们会这么说。你的品牌兑现了承诺吗？这个承诺好吗（换言之，这对我有意义吗，对我和其他人有好处吗）？你正在与合适的客户而不是与一次性购物者建立信任关系吗？你正在建立信任，以便你能花更少的时间向人们证明你值得信任和花更多的时间进行价值沟通吗？

营销与体验面临的信任挑战

简言之，如果品牌做出并兑现了良好的承诺，就会建立信任。为了实现这些承诺，营销与体验团队必须挖掘大量数据，理解不断发展的各种渠道和技术，并依靠他人来传递承诺，然后兑现承诺。我们将讨论三项核心挑战。

- 不断变化的参与度
- 数据和技术的有效利用
- 有限的体验实现控制

不断变化的参与度

在过去十多年里，营销渠道激增。当客户花在屏幕上的时间越来越多（通常是一次多屏）时，广告支出也随之而来。2021 年，数字广告支出在所有广告支出中的占比超过了 60%。2022 年，预计社交媒体广告支出在数字和传统媒体广告支出中的占比会达到最大，年增长率估计为 20%。除了成为优势渠道外，社交媒体还具有印刷品和电视难以匹敌的优势，那就是它能实现品牌与客户间的双向谈话。数字环境提供了许多直达客户的新触点，从而实现了与客户对话而不只是单向广告。

但是，社交媒体也并非毫无缺点。开始时，社交媒体的世界可能非常负面。它往往与焦虑、抑郁、睡眠不足和缺乏自尊有关。网络霸凌已成为一个常见问题，近一半青少年收到过网络恐吓、威胁或恶劣信息。另外，社交媒体还会使得负面信息的传播快速扩散。事实上，虚假信息或负面数据比真相传播得更快。现在，有一半以上的人是通过社交媒体来了解新闻，朋友、家人以及你关注的人都选择通过社交媒体分享文章来影响你的阅读内容。正因为如此，与依赖其他更传统新闻来源的人相比，通过社交媒体来获取大部分新闻的人对事实的了解更少。

拥有大量社交媒体粉丝的影响者和为社交媒体平台提供内容的创作者在信息传播中发挥着巨大作用。这种情况与以前不同。在以前，品牌只与数量有限的名人签约，请这些名人来为它们的产品或服务背书。现在，影响力已从某个人或少数赞助商转移到了大量的影响者和内容创作者。品牌和公司必须学会如何与这些影响者和内容创作者互动并与他们合作，以推动并实现其他可能产生巨大影响的营销目标。在不受品牌营销人员控制或未经他们同意的情况下，一名影响者可以独立地面向数百万粉丝，并向这些粉丝表达对一个品牌的支持、冷落或其他意见。此外，这些影响者可能代表也可能不代表组织的价值观，他们并不必然与他们谈论的品牌保持正式的一致，甚至可能都没有意识到其言论所传递出的信息。

除此以外，文化运动也在蓬勃发展，文化传播速度也在加快，而这会使你感受到挑战。例如，2013 年，艾丽西亚·加尔扎（Alicia Garza）在社交媒体上分享了她对特雷冯·马丁（Trayvon Martin）之死的悲伤和温馨话语，她写道，“黑人的命也是命”。受此启发，加尔扎的朋友帕特里斯·库勒斯（Patrisse Cullors）和奥珀尔·托梅蒂（Opal Tometi）希望发起一场病毒式宣传运动，并创建了“#BlackLivesMatter”（BLM）话题。2013 年，“#BlackLivesMatter”标签每天的使用量约为 47 次。2014 年 8 月，在迈克尔·布朗（Michael Brown）枪击案的刺激下，该标签每天的使用量高达 5.2 万多次。2014 年 11 月 24 日，在法院宣布大陪审团决定不起诉杀害布朗的警官达伦·威尔逊（Darren Wilson）后，该标签短短 4 个小时内就被使用了 92 784 次。自那以后，这条社交媒体帖子的内容就成了美国社会结构的一部分，全球 40 多家由会员领导的社团分别以电影、音乐和艺术的形式表达了相同的诉求。

为了应对社交媒体的影响力和发展速度，领先企业越来越多地将具有广泛身份认同及生活经验的影响者和创作者纳入其营销与体验创作过程。另外，为了更好地理解这些生活经历和文化的多个维度（人们可以通过这些维度来获取他们的身份，尤其是与其消费选择和消费模式相关的身份要素），这些企业还引入了新的多元文化研究方法。正如我们在第 6 章中所讨论的：

> 身份可以塑造生活体验，营销与体验团队在建立并分享品牌叙事时应考虑“信任标志”。

虽然数字渠道创造了很多机会，但也给品牌带来了不少风险。持续不断的在线对话、庞大的影响者和创作者网络以及各种冲突信息的不断涌现，都可能导致负面的品牌认知迅速传播。要想在一个受虚假信息和负面认知影响的空间里分享品牌承诺，并为建立值得信任和引人入胜的体验奠定基础，营销与体验领导者就需要管理好跨越越来越多渠道的不同利益相关方。

数据和技术的有效利用

许多遭遇各方数据轰炸的领导者在试图找出最有力的方法，来使用通过复杂巧妙的跟踪和衡量得到的现有信息。领导者依赖于获得合适的数据和指标，这样他们就可以与客户和利益相关方一起创造所期望的结果，同时展现公司的价值。他们必须在做到这一切的同时尊重客户的隐私（详见第 15 章）。超过一半的首席营销官表示，他们在寻找合适数据并汇总合适信息以清晰地了解客户时遇到了挑战。只有 26% 的受访者坚信，其公司的分析能力优于同行业其他公司。

麦睿博强调，就算拥有了所有可用数据，有时组织也并没有将注意力集中在合适的指标上。麦睿博坦率地告诉我们："当我初到退伍军人事务部时，我就意识到我们衡量的东西是错的。"退伍军人事务部跟踪了预约等待时间，但却没有意识到他们的目标指标（14 天内的预约人数）与客户无关。关键因素并不是时间，而是紧迫性。如果人们需要的是常规护理，那等待时间并不是很重要；而当他们需要紧急护理时，他们就是马上需要。所以重要的是，客户在需要的时候得到了他们需要的服务。除了使退伍军人信任和体验该机构新的"北极星"指标外，麦睿博还重新考虑了用于每个重要时刻的指标。

另一个具有挑战性的数据问题是组织如何锁定客户。对任何组织来说，细分都是一个重要工具。选择专注于某些领域而不是其他领域，可以使领导者更有效地利用组织的时间、资金和资源。虽然细分有许多不同的类型，但自 20 世纪 90 年代以来，为了发掘客户和员工模式，许多组织都把注意力集中在了人口统计特征数据上。人口统计特征数据相对容易获取和衡量，这可能会使分析更简单和目标锁定更具成本效益。但是，人口统计特征数据并不能说明全部情况（见第6章）。塑造你行为的不是你是谁，而是你的生活经历。例如，在我们的数据集中，一位来自亚利桑那州的高收入已婚X世代白人男性对零售品牌的信任评分与一位来自马萨诸塞州的单身中等收入未婚Z世代白人女性相同（见图12-1）。导致他们拥有这种共同行为背后的驱动因素是个人经历，而不是人口统计特征，这就是为什么我们要围绕多元文化研究进行设计、要更广泛和更细致地理解生活体验及文化维度的原因。

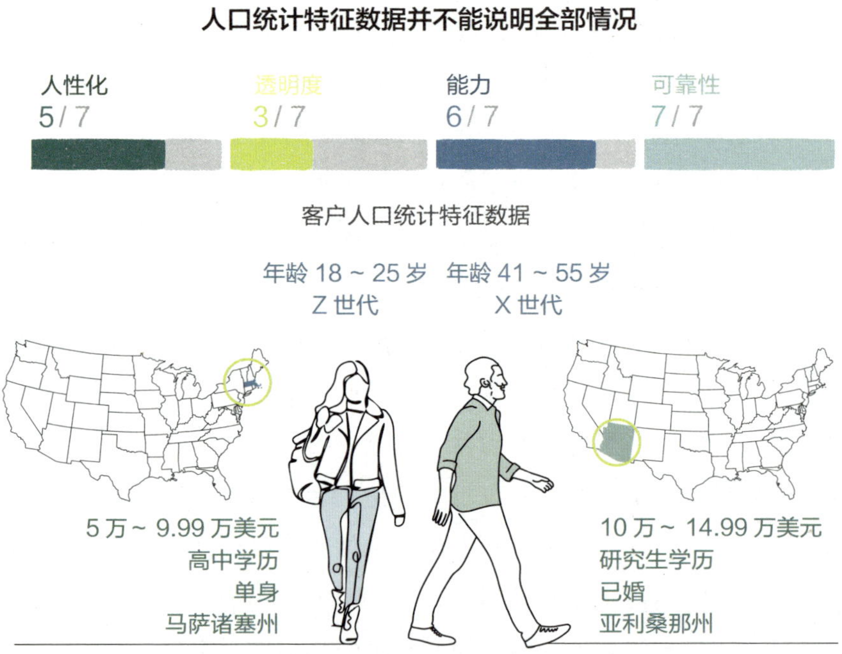

图　12-1

除了选择“合适的”衡量指标和“合适的”细分之外，营销与体验领导者还必须努力应对日益增长的数据隐私担忧。随着我们即将迎来一个没有缓存（cookies）的未来，人们对其在线痕迹的可见性有了更多选择，营销与体验专业人士将不得不花费更多精力直接从客户那里收集数据，而这需要赢得客户的信任。这些专业人士需要高级分析工具来理解“看起来差不多”的客户，以更新对过去的一对一关系的认知。高成长性品牌的首席营销官正在以更为复杂和巧妙的方式部署第一方数据，其中包括通过动态的、创造性的优化来提供个性化内容和程序化媒体，以有针对性地向用户投放由数据驱动的广告。

最后，当营销与体验领导者使用从人工智能（AI）到机器学习（ML）再到增强现实（AR）和虚拟现实（VR）的最新工具时，他们将在道德和决策方面面临前所未有的挑战。驾驭这些未知领域将需要更先进的数据能力和洞察能力，应用这些能力的基础框架应侧重于确保道德实践尽最大努力意识到并消除偏见。例如，用来招聘人才的早期人工智能工具曾表现出对女性和有色人种的偏见。这些算法基于错误的训练数据和未经仔细清理或纠正的输入。防止有意有害的和无意有害的对技术的应用既至关重要，又很困难。

对体验实现的有限的控制

营销控制了品牌对客户的最初叙事，但没有控制其实现方式。同样，体验团队制定了提升客户体验的策略，但通常不会控制实现这些策略的所有方面。这些方面正是跨职能部门和内部团队之间的信任可以发挥作用的地方。无论是通过产品研究还是广告，组织其他部门参与实现这些预期的程度决定了各利益相关方最终是否会信任该品牌。

营销控制了品牌对客户的最初叙事，但没有控制其实现方式。

消费者非常精明，他们渴望获得真实的营销体验。麦睿博部长在退伍军人事务部体会到了这一点，他将改善服务作为上任头 90 天计划的重中之重——“更多的医生、更多的空间、更高的薪酬。”麦睿博还视建立信任为己任，他表示：“我的工作是走出去，与人们会面，与员工、利益相关方和媒体举行很多场市政厅会议。我的工作就是敞开心扉，展示出我的关心和关怀，努力建立一种亲密关系，努力建立信任。在我的首次全国性新闻发布会上，我公布了我的手机号码。直到今天，我仍会接到有护理需求的退伍军人的电话，我也仍在帮助他们。”2017年，麦睿博从退伍军人事务部退休。

然而，麦睿博并没有将倾听与进展混为一谈。他告诉我们：“在你努力建立信任的同时，你必须组建合适的领导团队来开展制度、战略和文化方面的工作。”换句话说，在确定了要收集的合适数据后，为了使退伍军人事务部的组织文化发生显著改变并兑现其承诺，麦睿博与他的团队和跨职能部门进行了合作。为了通过大型项目（如升级退伍军人事务部已使用 30 年之久的信息系统）来提升信任，麦睿博精心挑选了一支由私营和上市公司员工以及资深公务员组成的团队。

建立信任的营销与体验原则

当你无法控制交付时，要想建立信任就会很艰难。而要做好这件事，你需要投入时间和精力来与其他职能部门合作，并专注于使用你所掌握的所有资源（包括你的员工）。技术也很关键，但必须确保技术的使用是在建立信任而不是侵蚀信任，也就是说，技术必须用于良好的目的。我们将讨论以下三项建立信任的原则。

- 为信守承诺而合作
- 将员工作为品牌资产来激活
- 将技术用于良好的目的

为信守承诺而合作

任何职能部门都需要做到这一点，尤其是营销部门。首席营销官和首席体验官必须是高管层的团结者。与其他利益相关方建立信任对取得成功至关重要。然而，首席营销官可能是高管层里面最糟糕的合作者之一。有数据表明，只有不到 1/5 的首席营销官与其他高管有合作。同样，首席营销官中的许多人并不重视合作，他们当中只有 1/4 的人认为合作是一项重要的关键技能。我们认为，缺乏合作是首席营销官任期缩短的原因之一。

首席营销官们表现出了令人惊讶的信心危机。例如，在我们衡量高管受访者影响战略决策和总体业务方向以及争取同行支持其举措的能力时，首席营销官们的自我评价相当低，认为自己表现良好的首席营销官仅有 5%，这一比例在所有高管中是最低的。而与此形成鲜明对照的是，高达 55% 的首席执行官认为自己表现出色。首席执行官、首席信息官和首席财务官的这一比例平均为 35%。

大多数高管都认为首席营销官的表现远好于他们的自我认知，尤其是在发挥财务影响、客户专业知识、发起合作等方面。几乎在所有情况下，一些最有影响力的高管（如首席执行官、首席财务官、首席信息官或首席技术官）都认为首席营销官在多个方面都能有效发挥其作用。对常常认为自己表现不佳的首席营销官来说，这种显著的认知差异表明，大部分高管都尊重并依赖首席营销官的专业知识。在接下来的章节中，我们将讨论在所有高管职能之间开展合作的重要性。

对大多数组织而言，协作都是一项艰巨的任务。在这些组织中，各种刺激因素以及人性都会驱使领导者保护各自的资源。在当代，尽管各部门的工作是相互依存的，但旧的官僚体系和思想仍顽固地存在。然而，合作带来的好处是巨大的。例如，50% 与公司营销领导者密切合作的 IT 领导者表示，他们的公司处在更有利的竞争位置上。这些公司实现同比大幅增长的可能性是其他公司的 1.3 倍，它们中有 72% 实现了 5% 以上的利润增长。

普罗维登斯医疗与服务公司的杰夫·洛根发挥了独特的作用，他不仅管理着患者体验，而且还掌管市场运营。这意味着他可以创造和提供理想的体验，并通过设置和满足患者期望来赢得患者信任——患者预约将被保留，普罗维登斯"我的信息图"（MyChart）数字界面中的个人账户和账单将是准确的且符合患者预期。洛根告诉我们："吸引我担任该职务的原因之一是，我既可以设定新的患者导向的期望，又可以通过我们的运营实现这些期望。"洛根在利用他的双重职责来确保患者体验得到提升。"患者及其家人往往是在他们最脆弱的时候来找我们，如果我们加重了他们的不确定性，我们就可能会削弱他们的信任！即使这种体验存在问题，但如果我们沟通得好，时刻替患者着想，那我们也仍能赢得信任。我的理念是：信任不是终点，而是一路上所有重要时刻的每一小步。当我们设定每一小步的期望并实现这些期望时，我们就会使每个人都更快乐一点，更放心一点。"

"我的理念是：信任不是终点，而是一路上所有重要时刻的每一小步。"
——杰夫·洛根
普罗维登斯医疗与服务公司负责患者体验和市场运营的集团副总裁

将员工作为品牌资产来激活

尽管有证据表明员工体验和客户体验之间存在联系，但很多营销人员几乎没花多少时间在内部的营销和沟通上。很多首席体验官的经验仍局限于客户。如今，大多数员工沟通似乎都是以公司备忘录或业务通信的形式进行的，而起草这些备忘录和业务通信的通常是人力资源专业人士，他们不一定是营销和品牌专家（更多关于人才的论述见第 13 章）。还有很多例子都表明，外部宣传与内部信息传递的不一致会给员工造成混乱。

我们认为，机会可能因为这种不一致而离我们而去。一方面，员工是可以成为有力的品牌倡导者和信任建设者的；而另一方面，营销与体验职能在建立情感联系方面的作用举足轻重，它至少可以通过三种方式来帮助员工成为品牌倡导者。第一种方式是通过增进员工对客户的理解和领导者对员工的理解。这种更深入的理解将有助于确保组织在其战略决策中纳入客户和员工的观点。第二种方式是提供统一的信息传递和体验，这有助于员工真正代表品牌。品牌的信息传递必须融入员工的体验过程，并强化员工的品牌化行为，使这些行为成为员工的本能。第三种方式是帮助一线员工实时解决客户问题（确保品牌能够信守承诺）。当然，这一切都需要前面讲的跨职能合作。

在退伍军人事务部，麦睿博接受了这一理念。他知道，员工文化转型对于提供更好的客户体验很关键。他最受欢迎的“领导者培养领导者”（LDL）计划中有个名为“退伍军人体验”的模块，该模块的重点是向退伍军人事务部员工灌输基于价值观的领导文化和个人主动精神。在他就职退伍军人事务部之前，该部门基于规则的文化有时会阻止常识性行为。麦睿博讲述了一位摔断脚、自己开车去医院的退伍军人的经历。在到达医院后，这名退伍军人的病情有所加重，他需要帮助才能从停车场的车上下来再进入医院大楼（也就 3 米左右的距离）。他打电话向一名医院员工寻求帮助，但被拒绝了，因为该员工被告知“不要脱岗”。因此，这名退伍军人只好等待消防人员来帮他。这既浪费了资源，又使这名痛苦的退伍军人难以接受。麦睿博试图解决这一问题，他让整个组织将重点放在责任与个人主动性的层层传导上。这一变化有助于人们为患者做正确的事情，即使是在规则没有写的情况下。麦睿博很快便指出，以上那名员工只是在循规蹈矩。

麦睿博还给退伍军人事务部的员工带去了一种新的领导概念模式，在这种模式中，他的名字在倒金字塔的底部，患者在顶部。其中所传达的信息是："患者就是老板，就是你的服务对象。"患者下面是一线员工，一线员工下面是管理层。"最高"领导层处于倒金字塔的底部，因为他们有义务为所有人服务。启动服务文化为退伍军人事务部带来了更多创新。麦睿博不仅让他的员工成为一线问题解决者，还使他们成为将最佳实践推广至其他部门的创新者。这个成功的故事类似于埃德·巴斯蒂安的良性循环（见第 7 章）。超过 2.4 万名领导者和 11.15 万名员工从 LDL 计划中受益。

洛根也持有类似的理念，他指出，就患者对品牌的体验而言，员工是至关重要的品牌大使。为了做到这一点，洛根正在建立一种让护理人员知道他们是最重要的患者体验提供者的文化。因此，当组织与员工建立信任关系并让他们拥有美好体验时，员工就会在患者最需要的时候、最需要的地方以同理心提供出色的服务。洛根说："为了创造这种富有同理心的服务文化，我们在内部做了很多工作。我们培训我们的一线员工和护理人员，让他们在如何向患者提供这种富有同理心的服务时非常谨慎。这不仅仅与希望员工明白这一点有关，而且还与消除提供可信体验的障碍有关（其中包括培训、一线赋权和思维模式转变），从而使员工能提供尽可能好的服务。"

将技术用于良好的目的

在营销与体验中，机器学习和数据建模可用于大规模生成客户见解，这些见解有助于在内容、推送消息和优惠等方面实现定制化或个性化，从而创造更好的客户体验。这样做的目标是优化营销与体验过程中的支出及投资回报率。

星巴克在利用人工智能创造更好体验方面堪称典范。个性化一直是星巴克理念的核心要素，其网站自豪地指出，顾客拥有 17 万种定制星巴克饮品的方式。2019 年，星巴克推出了驱动该品牌个性化引擎的人工智能平台 Deep Brew。Deep Brew 从星巴克应用程序中获取数据（例如下单时间和订单内容），然后使用预测分析来处理数据，并向顾客推送个性化营销信息。这些信息可能包括提高顾客订单平均价值的特别优惠。或者，当顾客亲临某家特定门店时，他们可能会得到个性化服务。星巴克首席技术官格里 · 马丁 - 弗利金杰（Gerri Martin-Flickinger）表示，Deep Brew 是星巴克个性化服务取得成功的关键所在。她分享了未来在营销与体验之外扩展人工智能的计划，这些计划将帮助改善每家门店的运营，例如预测设备维护或员工需求。

不过，星巴克也很清楚，人工智能既可用来做好事（比如使你每天点咖啡的行为更加个性化），也可用来做坏事。前首席执行官凯文 · 约翰逊（Kevin Johnson）强调了“负责任使用人工智能”的重要性，他表示：“科技为世界做了很多积极的事情，但也带来了一些不良后果。当谈到加强人际联系、使人们能够置身社区并将自己看成是社区的一部分时，我相信，如果以负责任和深思熟虑的方式使用科技，同样可以使人们变得更人性化，并更好地为社会服务。”

本章讨论了营销与体验职能部门在着手建立信任时不能只关注客户，因为只关注客户会忽略员工这个核心群体。人才与人力资本在建立信任方面大有用武之地，下一章将讨论这些职能。

第 13 章
人才与人力资本

本章将讨论：

- 人才在建立信任方面的作用
- 人才面临的信任挑战
- 建立信任的人才管理原则

前面我们说过（见第 7 章），这里再强调一遍：如果不首先建立员工信任，那就无法建立客户信任。建立员工信任所需的技能和行为准则有许多与建立客户信任相同。我们常说，我们每天早上都不是作为"员工"醒来，就像我们早上喝第一杯急需的、赋予生命的咖啡时，并不认为自己是"顾客"一样。我们只是人。

为了理解给我们称为"员工"的人带去信任意味着什么，我们采访了德勤人力资源战略与解决方案市场服务负责人杰西卡·布里顿（Jessica Britton）。20 年来，杰西卡一直在帮助她的客户设计和实现员工体验的提升。她是个旅游爱好者、播客迷以及两个新生儿的妈妈。

她喜欢开玩笑说，她不是在为“成年”客户设计人才体验，她是在努力为家里的“小”客户创造最好的体验。

人才在建立信任方面的作用

一个组织所做的一切都是通过员工来完成的。尽管首席人力资源官（CHRO）很可能是负责定义员工战略的人，但组织中的每个人最终都必须进行数千次（如果不是数百万次的话）日常互动。这使得设计员工体验以获得最大程度的员工信任和员工参与变得极其重要，也极具挑战性。

我们认为，应该像对待客户体验一样对待员工体验，我们对员工体验的定义是——“员工的生活经历与他们对组织感受的总和”。员工体验必须以人类的价值观、需求、情绪和欲望为基础，因为它们和每个员工与组织之间的关键关系有关。胜出的组织在考虑这种理解的情况下创造了一个以人为中心的环境，这是建立信任的基础。

如第 7 章所述，赢得员工信任对于赢得客户信任至关重要。全球增长传道者、《增长智商：有效构建企业未来的十大路径》（*Growth IQ: Get Smarter about the Choices That Will Make or Break Your Business*）一书的作者蒂法尼·博瓦（Tiffani Bova）写道：“让客户爱上你的品牌的最快方法是让你的员工爱上他们的工作。”信任也是如此，信任组织的员工更有动力去赢得客户信任。他们向有才华的朋友和家人推荐雇主的可能性要高出 1.7 倍，在公司外推广品牌的可能性要高出 1.9 倍。辉瑞公司首席人事体验官帕亚尔·萨尼·比彻（Payal Sahni Becher）告诉我们，在 2021 年推出新冠疫苗后，因为自豪的员工购买带辉瑞标志的衣服和装备，辉瑞内部在线商店忙活了三天。这种依恋你是买不到的——但可以赢得它。

人才面临的信任挑战

当今的领导者面临着几项重大信任挑战。首先，人员流动率很高，人才争夺很激烈。这种人才危机因员工信任度低而加剧，并与低留任率和低薪资满意度有关——所有这些因素都会导致人员流动。其次，许多组织都是在一种混合模式下运作，这种模式给雇主（“我的员工真的在工作吗？”）和员工（“如果我不花时间与同事见面，那我要如何才能了解和信任一个组织呢？”）带来了新的信任挑战。我们将从以下三个方面进行讨论。

- 人才争夺战
- 员工信任度低
- 一种新的混合模式

人才争夺战

2021 年，《哈佛商业评论》（*Harvard Business Review*）的一篇报道称：89% 的员工表示他们的工作生活变得越来越糟；85% 的人说他们的幸福感在下降；56% 的人表示他们的职位需求增加了。因此，许多员工正在重新考虑要为谁工作可能就并不令人感到奇怪了。富达投资（Fidelity）的年度财务决议研究表明，约 40% 的员工计划在 2020 年跳槽。另一个迹象是：到 2021 年年底，针对招聘人员的招聘信息比疫情前的水平翻了一番，这意味着组织正在花更多的时间和支出来吸引员工。

在我们撰写本部分内容之际，可供工作岗位比失业人数多。截至 2021 年 12 月 31 日，空缺职位将近 1100 万个，比总的失业人数高出 460 多万。所有这些因素都表明，人才争夺将会持续。我们的同事杰西卡·布里顿告诉我们："从医疗保健到科技，没一个行业可以幸免，没有人可以忽视人才招聘竞争。"信任就来源于此。一支信任的员工队伍是留住人才并进一步鼓励现有员工向雇主推荐合格候选员工的主要驱动力。本章将探讨信任如何成为在人才短缺中生存下来的一个重要变量。最受信任的公司不仅有能力度过这一关，而且有能力脱颖而出。

员工信任度低

虽然自 2020 年 5 月开始研究以来，我们看到员工的整体信任度有所提高（净增约 9%），但我们在 2021 年 10 月进行的最新研究发现，不到一半的受访员工（47%）信任其雇主。考虑到信任推动了员工的留任和其他有利行为，领导者应将较低的员工信任度视为呼吁采取行动的号角。

让我们强调一下这个问题的严重性。即使是通常被视为"终身"职业的职业，也面临着极高的离职率。从历史上看，教育和医疗保健服务的离职率是最低的。然而，组织看到，这些可信职业失去了员工，这些员工不仅流向了其他雇主，也流向了其他职业。过去，每年离职的教师只有 8%。而在今天，考虑离职的教师达到了惊人的 55%。第 2 章讲述了阿什莉的妹妹琳赛的故事，以及教师因为茶歇等琐碎事情进出教学大楼时，监控对信任的影响。如果雇主对员工持默认的怀疑态度，那员工为什么要以信任雇主来作为回报呢？

员工的低信任状态会增加组织的负担，因为我们知道，从低信任状态重建信任更难。实验社会心理学家及斯坦福大学教授罗德里克·克雷默（Roderick Kramer）认为我们天生就会信任："事实上，我们在很多方面的默认立场是信任，我们在广泛的社会环境中经常地、本能地甚至有点盲目地信任。"然而，克雷默也指出，当我们受到创伤、进入信任低谷时，我们更有可能为怀疑寻找新的佐证，这使得重新赢得信任愈加困难。

此时人们不是依赖于自然倾向去信任，而是去确认他们已经认定的不受信任组织仍然不值得信任（心理学家称之为“确认偏见”）。为了证明这种效应，克雷默进行了一项研究，他发现：“那些预期信任滥用可能存在的人会更仔细地寻找潜在合作伙伴的不可信行为迹象。相比之下，那些拥有更积极社会预期的人会更关注他人可信的证据。最重要的是，个人随后决定对潜在合作伙伴给予多少信任会受到这些预期的影响。”另一个描述这种现象的术语是“自我应验预言”，其原因不难看出。

换言之，一个受信任组织会发现维持和增进信任更容易，而一个不受信任组织则需要付出更多努力来重新赢得信任。较低的员工信任水平是组织需要克服的一大障碍。

一种新的混合模式

虽然我们无法完全预测未来会有多少工作是混合型的，甚至无法预测混合模式会如何发展，但我们可以以一种合理的自信说，允许在不同地点和不同时间工作的混合模式会持续下去，毫无疑问，员工对这种模式有需求：大约 79% 的员工希望地点灵活，94% 的员工希望时间灵活。

远程工作给雇主和员工都带来了新的信任挑战，习惯于决定员工何时、何地工作的雇主不得不在某种程度上放弃这种控制。事必躬亲型管理者必须从监视过程转向关注结果。曾经可以将工作与家庭分开的员工必须找到一种不会让他们感到疲惫或不满的方式将两者结合起来。此外，管理办公室员工与远程员工之间的敬业度差异也很复杂。

杰西卡告诉告诉我们：“我们知道混合工作模式的效果不太好，但我们同样注意到了员工和组织层面的成本。”

我们看到，混合型员工正在发出需要更好、更人性化地参与其组织的信号。大多数员工（91%）希望采用混合工作模式，甚至完全采用远程工作模式。然而，谷歌2021年的一项研究表明，混合工作模式正在损害人们之间的联系：“大多数受访者表示，他们感到与组织和同事脱节了（57%），有限的在线工作机会对职业发展产生了负面影响（62%），与同事的有限社交对他们的心理健康产生了负面影响（54%）。”尽管人们认为混合工作模式增加了他们的脱节感，限制了他们的职业发展并使他们感到沮丧或焦虑，但他们仍希望有灵活的混合工作安排。

此外，向混合工作模式转变还需要新的方式来帮助建立员工之间以及员工与组织之间的广泛联系。人是社会性生物，绝大多数人需要建立个人联系才能建立信任。因此，组织中的领导者既面临着拥护混合工作模式的压力，又面临着满足员工对联系、进步和支持的需求的压力。对管理这种紧张关系来说，通过展示人性化、透明度、能力和可靠性的活动来有意识地建立信任是必要的。

建立信任的人才管理原则

信任代表了一个组织深思熟虑的文化承诺。考虑到人才争夺、员工信任水平已经很低以及混合工作模式中的紧张关系，建立信任不可能是一种隐性活动。负责推进人才议程的领导者（包括但不限于首席人力资源官）应关注以下四项信任原则。

信任代表了一个组织深思熟虑的文化承诺。

- 要明白员工首先是人
- 扩展信任以赢得信任

- 展示公平性
- 将从客户体验中获得的经验教训应用于员工体验

要明白员工首先是人

领先公司明白员工首先是人，并致力于将他们理解为有个性化需求的人。为了使我们从领先公司的首席人力资源官角度出发来了解情况，杰西卡给我们引见了雪佛龙公司（一家领先的综合能源公司）副总裁兼首席人力资源官朗达·莫里斯（Rhonda Morris）。莫里斯负责制定和推动雪佛龙的人事及文化战略，其中包括领导层继任、学识和才能、多样性和包容性、员工规划及总奖励。莫里斯是雪佛龙公司首位黑人女性高管，曾获得多项杰出荣誉和奖项，其中包括美国国家多样性研究所颁发的“最具影响力非裔美国人”。莫里斯是加利福尼亚州北部人，目前与丈夫和女儿居住在加利福尼亚州奥克兰市。

莫里斯分享了一名员工无法参加下班后活动的故事。此前，团队负责人曾明确表示，尽管亲自参与活动并不是像打卡那样强制性的，但他仍十分希望所有直接下属都能参与。在这名员工说她不能参加后，这名团队负责人跟进询问原因。这名员工解释说，如果她参加了下班后的活动，那她就会因为托儿所的新冠防疫政策而无法在接下来的两周内送孩子到托儿所。这名团队负责人后来与莫里斯分享说，这件事对他来说是一个学习机会，教会了他以同理心来领导并提出问题。他谦虚地承认，他并不知道自己的每一位直接下属都在处理什么样的家庭问题。对于未来的会议，他选择了信任——相信他的团队成员会应对好自己的个人挑战，并展现出最好的一面。通过信任他的团队，这名负责人能够赢得他们的信任作为回报（接下来的原则将对此做详细说明）。

莫里斯讲述的这个故事还揭示出，首席人力资源官们需要认识到他们的员工是具有个人自我和职业自我的完整的人。正如第 7 章所强调的那样，我们首先都是人。这意味着，无论我们承担什么样的角色，我们都会有自己的价值观、情绪、焦虑和喜悦。生活中的这些部分造就了我们，当我们进入工作岗位时，我们无法将这些从工作中分离。在我们的一个员工焦点小组中，我们与员工讨论了他们希望受到怎样的对待。身为母亲的一位时薪员工分享了灵活的工作时间对她的重要性，因为灵活的工作时间让她觉得雇主理解并尊重她必须做的其他事情。她说："你不只是一名员工，这只是你生活的一个方面。员工的身份使你能在工作中做完整的自己，并灵活应对生活的其他方面。"

承认员工是超越工作生活的人也意味着，如果员工的其他合理需求得不到满足，组织就不要指望他们能把注意力集中在工作上。如果他们不相信自己会有良好的医疗福利，不相信自己能负担得起房贷，如果他们的雇主不能提供一个安全且设施齐备的工作场所和合理的工作时间——总之，如果员工没有获得他们在工作之外的生活中所需要的基本东西，那他们就没有足够的精力或心情在工作中展现出最好的一面。公司对员工的责任不只在于实体或虚拟工作场所，也不只在于朝九晚五的工作日。当组织为员工的学习和个人成长、家庭和健康、非工作时间（包括假期和日常休息）及隐私提供支持时，它们就展示了人性化，就能赢得信任和忠诚。有位首席执行官令我们很钦佩，他在担任一家世界 500 强公司领导者两年内的首次面对面领导团队会议结束时说道："最后一点，表现得更人性化一些会让你与众不同。"

扩展信任以赢得信任

我们在研究中发现，员工希望雇主以相互关心和信任的态度对待他们。组织在自身（低迷时期）、社会（疫情）或个人（健康或家庭危机）的艰难时期还能为员工提供支持，它们就会赢得员工信任。员工还希望组织把安全放在首位，确保人人都有一个安全的环境。此外，员工希望被当作完整的人来看待，希望自己在工作场所内外的合理需求都能得到满足。

在莫里斯的领导下，为确保员工需求得到个性化的对待和优先考虑，雪佛龙公司制订了许多计划，其中之一是它在50多年前实施的员工援助计划。该计划是一项旨在帮助员工解决广泛问题（如从实际的日常问题到更复杂的个人和工作问题）的内部咨询服务，适用于在职和退休员工及其家人，可以采取专业指导或相关服务的形式，如健身计划、儿童保育甚至是帮助制定灵活的工作时间表。该计划旨在识别个人需求并为之提供帮助，强调关注的是一个个人而非一个干活者。莫里斯说："我们的员工在身份、生活经历和需求方面相互交叉，员工援助计划专注于倾听并根据每位员工的个人情况提供建议和资源。这样，领导者就可以在广泛的问题上获得支持。"

当员工受到信任时，他们更有可能反过来信任雇主。这一观点得到了相关研究的支持，这些研究表明，高期望会带来更好的表现。相反，低期望会导致更糟糕的表现。这一概念被称为"皮格马利翁效应"（Pygmalion Effect），是根据希腊神话中的一个故事命名的，该故事讲述了塞浦路斯雕塑家皮格马利翁对自己的一件雕塑十分痴迷，以至于他开始把这件雕塑当作真人来对待。由于他的迷恋，爱情女神阿佛洛狄特（Aphrodite）赋予了这座名为加拉提亚（Galatea）的雕像以生命，这突出了一个概念：如果你期望某事成真，它就更有可能成真。

组织中的领导者需要给予信任才能赢得信任。

最早注意到皮格马利翁效应的是罗伯特·罗森塔尔（Robert Rosenthal）和莉诺·雅各布森（Lenore Jacobson）。通过观察师生之间的关系，这两位研究人员研究了期望对成绩的影响。从统计数据来看，当老师期望学生表现更好时（智商随机分布），学生的表现会更好。在信任的背景下，这突出了我们的信念，即组织中的领导者需要给予信任才能赢得信任。

然而，当你客观地看待一个典型组织的工作方式时，你会惊讶地发现，有很多制度政策都认为员工不可信。考勤系统就是这样一个例子，消费品行业中的最大零售商们常常采用考勤系统，员工会因缺勤、迟到或早退而被扣分（这与我们最喜欢的自由忠诚度计划中的积分不同，这些扣分是负的）。根据所扣的分数，员工会逐步受到纪律处分，在许多情况下以解雇告终。世界上一些最大的公司都使用了考勤系统。虽然从表面上看，这些考勤系统对劝阻缺勤的作用看起来可能是中性的，甚至是积极的，但它们仍表明了不信任，甚至暗示员工需求不重要，并不断提醒人们，交通事故或儿童医生预约等事情对员工所在组织来说并不重要。这些制度甚至可能鼓励员工带着病来上班或者推迟必要的健康检查来上班，这再次破坏了个人与组织间的联系。

展示公平性

高度可信的组织通过言语和行动表明，员工的福祉比组织的福祉更重要。这种对员工和组织福祉的重视是通过平衡员工需求和组织需求的人才政策来实现的。通过展示出对每个人的同理心和尊重，并开诚布公地沟通大小决策背后的理由，可信组织一次又一次地展示出了对员工的人性化和透明度。

需要注意的是，公平性并不总是意味着平等，在人才竞争的背景下，薪酬就是说明这一点的一个很好的例子。一般来说，员工们都理解市场价值的概念，这意味着拥有稀缺和急需技能的高素质员工将获得更高的报酬。当评价标准基于绩效，并且有有效的问责制和透明度衡量标准时，薪酬不同对一支信任的员工队伍也是可以接受的。然而，这也意味着同等价值的人应该同酬。如果薪酬是基于人口统计特征数据而非业绩或市场价值时，就会导致不信任。我们焦点小组的一名员工评论道："女性技术人员与男性同事的薪酬差距很大。我的收入比男同事少了 1.4 万美元。我在这里工作了 7 年，而他们才刚入职。"在一个信息日益大众化的社会中，人们预计组织将会为它们的做法辩护，而我们预计人们因为这种差异会越来越失去信任。

在这种情况下，与员工坦诚、透明地交谈是驱动信任的关键动力。这包括许多人不愿进行的艰难对话。例如，如果有人不相信自己得到了公平的补偿，一个半透明的回答可能是："就你的职位和水平而言，行业的标准就是这样。"一个更透明的回答（最终也是一个更尊重人的回答）可能会采用不同的表达："有些能力比其他能力更有市场价值，这就是我们看待你的能力的方式。同时，这也是我们看待你的贡献和业绩的方式。"

此类对话很艰难，因为这意味着人们要接受评估。将市场价值与个人对组织的价值混为一谈是很自然的，所以在这样的对话中会有很多情绪。然而，这也是一种诚实、透明的对话，并会带来更高的信任度。这种信任（或者缺乏这种信任）会产生重要的结果。例如，薪酬调查网站"工薪标准"（PayScale）的一项研究表明，当雇主的薪酬政策不透明时，员工在未来 6 个月内离职的可能性要高出 50%。

如第 7 章所述，我们最喜欢的将员工首先视为人并促进公平性的例子之一，是达美航空在疫情期间如何与员工接触并兑现对他们的承诺。听达美航空首席执行官埃德·巴斯蒂安谈论信任的重要性以及他自己对如何建立信任的认识，真是令人鼓舞。然而，在我们的采访中，巴斯蒂安没有提到的一件事是，尽管他确保所有员工都得到照顾，但他自己整整 6 个月都没有领薪水。巴斯蒂安优先考虑员工，关心他们的个人需求，而不是自己的需求。正如巴斯蒂安所说，"危机揭示了品格"。第 14 章重新审视了为人设计和与人设计的重要性。

将从客户体验中获得的经验教训应用于员工体验

多年来，我们一直在思考如何通过卓越的体验实现增长，但令我们觉得不可思议的是，各组织迟迟没有从建立非凡的客户体验中汲取经验教训，并且也没有将同样的原则和投入应用于建立员工体验。

当高层营销专家创建客户体验计划时，他们会制定一项战略，确定客户希望如何参与以及组织如何实现这一目标。在深入研究当前客户体验（CX）后，这些高层营销专家会计划组织如何去创新产品和服务以提升客户体验。首先，营销人员会找到更有价值的方式来吸引客户，并进行深入研究来了解客户的动机和需求。然后，营销人员会将新产品和服务瞄准客户想要实现的目标、想要解决的问题或者是觉得愉快的新体验。接下来，营销人员会进行人种志研究。市场营销部门会观察客户的行为，因为客户并不总能确切地告诉你他们需要什么。在开发产品和服务的阶段，营销人员会创建实物的和数字的平台来监控客户体验并从中学习，同时围绕客户体验来迭代产品和体验。当然，如果你刚读过第 12 章，你对这一切就不会陌生。

为了改善员工体验，人才管理可以向这些技术学习。同样地，这可以从优先将重点放在观察上开始。通过在工作场所（和远程平台上）进行人种志研究，人力资源专业人员可以观察员工的行为，而不只是询问他们的信仰（这样做会引发偏见）。这类研究非常有价值，因为它可能有助于揭示员工参与工作的机会和挑战。你可能会对我们提议“监控”你的家庭办公室表示担心，但在担心之前，让我们举个例子来说明一下。

最近的一些采用观察法的研究探讨了见面时不同性别的动态。有研究评估了最高法院法官相互打断的频率。事实表明，在口头辩论中男法官打断女法官的次数大约是男法官打断男法官次数的三倍。另一项针对 43 项研究的元分析显示，男性比女性更有可能打断他人，而且打断方式更具侵入性。有趣的是，一项让 5000 人参与试听男性和女性插话者录音的研究发现，尽管男性、女性的剧本台词和插话是相同的，但参与者对女性的印象要负面得多。因此，得知女性往往话比男性少 40%（尽管人们普遍错误地认为女性比男性话多）可能并不会令你感到惊讶。

此类观察研究是一种重要的工具，它能衍生出员工福利和员工培训，能应对显现出来的机遇和挑战，并有助于揭示实际情况。考虑到上述调查结果，人才管理能做些什么来保证女性员工和女性管理层的声音被听到呢？以更好的沟通方式培训所有员工将是一个开始。继续进行更多的研究可能有助于梳理出结构性问题（如女性员工缺乏资历）和可以改变的习惯行为（如未能以介绍开始会议）。一旦人们了解到自己的体验很重要，并有权畅所欲言，那这种文化就会成为一个由更好的行为、更好的体验和更好的业绩构成的良性循环。

在我们的员工焦点小组中，许多参与者表示，他们分享了自己的观点和看法，但雇主的回应让他们感到失望。例如，员工们告诉我们，在表示了他们的担忧后，他们却被告知“这是公司政策”或“我们一直以来就是这样做的”，结果是什么也做不了，他们对此感到特别沮丧。如果这让你想起了我们从第 8 章开始的颠覆正统讨论，那你并不孤单。这种花言巧语意味着组织还没有做得足够好到让员工感到组织正在倾听、回应并愿意改变。

倾听员工和征求意见是雪佛龙公司和莫里斯正在正面解决的另一个问题。在制定远程工作指南时，莫里斯向公司 12 个员工网络中的每一个征求意见。这些员工网络都给出了诚实和公开的反馈，它们的许多想法都被公司纳入了所制定的指南。因此，它们成了整个公司的拥护者。莫里斯说：“它们真的觉得自己被赋予了权力，成了解决方案的一部分，公司向它们征求了意见，它们觉得自己被倾听了。”

当人才管理对员工体验进行衡量时，它可以沿着与营销用来创造新的、更好的产品和服务相同的关键路径来管理并改善体验。今天，争夺人才就像争夺客户。人才竞争激烈，各种工具到处都是，且赌注非常高。因为人才依然稀缺，信任度依然很低，所以，领导者需要做更多工作来继续“把他们已有的人才真正任用起来”。

员工们希望信任他们的组织。一般来讲，员工通过对他们服务的对象产生积极影响来获得个人满足感。此外，他们还因为能给表现良好的雇主工作感到自豪。在我们的一个焦点小组中，一家科技公司的事件管理经理特别明确地表达了这一点：“我的自我价值很大程度上源于我的工作表现。所以，我希望为一家很擅长其所从事领域的公司工作。这让我很开心。我不想为一家产品低劣的公司工作。”

发挥积极作用并赢得员工信任与支撑一个组织的系统（无论是技术系统还是运营系统）有很大关系。在下一章中，我们将探讨组织的运营和技术职能是如何（尤其是通过关注“信任四因素”来）促成或阻碍信任的。

第 14 章
运营与技术

本章将讨论：

- 运营和技术在建立信任方面的作用
- 运营和技术面临的信任挑战
- 建立信任的运营和技术原则

我们已经反复讨论了能力和可靠性的重要性。简单地说，除非你有能力兑现承诺，否则你不可能建立信任。不管你是提供财务规划或娱乐等服务，还是提供汤罐头或平板电脑等产品，始终如一地、及时地兑现承诺都是建立信任的关键。通常，负责实现这一目标的职能部门是运营和技术团队。为了深入了解在运营与技术领域建立信任意味着什么，我们采访了我们的合作伙伴、德勤美国的企业运营业务负责人阿卜迪·古达尔齐（Abdi Goodarzi）和雅培（Abbott）全球首席信息官兼业务与技术服务副总裁萨宾娜·尤因（Sabina Ewing）。雅培是一家全球医疗保健领导者，致力于医疗保健和高科技的结合，并生产为衰竭心脏提供支持的植入泵等设备。

阿卜迪已在运营与技术领域工作了 25 年多。当他不在为全球制造运营出谋划策时，你可能会发现他和他的两个孩子在一起看足球，或者你可能会看到他在浏览最新的汽车杂志——他既是一名汽车爱好者，也是一名了解汽车的全零件组装过程的专家。

在 2020 年《财富》最具影响力女性峰会上，我们见到了萨宾娜·尤因，我们三人参加了会上的一场关于信任的小组讨论。这场活动对我们来说很重要，因为这是我们第一次与一个对我们个人来说意义重大的群体——在各自领域被公认为强大的高级女性高管分享 HX TrustID。尤因就是被这场活动吸引的强大女性之一。在加入雅培之前，她曾在辉瑞公司担任过多个 IT 领导职位，并在安达信咨询公司（Arthur Andersen Business Consulting）、毕博咨询公司（BearingPoint）和美国运通担任过管理职务。尤因对学习和回报社会充满热情，以至于她在职业生涯早期休息了一年，专门去纽约市的南布朗克斯区（South Bronx）担任五年级教师。

信息是尤因的专业领域，人们信任她的公司，进而信任她。尤因说："我进入生命科学领域是有原因的，想想我们的设备和治疗方法在哪里使用，你就会意识到我们提供高质量的产品非常重要。我们生产的产品可以帮助各个年龄段和人生阶段的人活得更久、更好。我们生产这些产品时，就好像是为我们所爱的家人准备的一样。这关乎信誉和诚信，是建立信任的基础。"

运营和技术在建立信任方面的作用

对我们这些不在运营或技术职能部门工作的人来说，很难准确了解为了确保产品或服务得到有效的设计、开发、构建及维护，幕后究竟发生了多少事情。让我们围绕这个问题来谈一谈。我们大多数人每天都要花 5 个小时或更长时间在智能手机上。尽管你一直在使用这款手机，但你可能并不知道它包含 8 颗或更多的半导体芯片，这些芯片使它能够做你所依赖和享受的所有不可思议的事情。这些芯片在一个地方设计，在另一个地方制造，并数百万组地存储在某个地方，然后交付给最终的智能手机组装厂。

这还只是芯片，像这样的消费类科技产品可能包含数百种类似的部件。简言之，你手中的手机经历了数以百万计的个人行为。

大型公司的运营团队每天都要进行复杂的规划和管理，而技术团队则要负责完成另一项极其复杂的任务——构建使产品能作为一个整体运行的系统。从产品设计到质量控制再到信息管理，所有这些能力和流程都需要不断完善，才能适应不断变化的战略选择、收入预期和市场需求。运营与技术团队使组织能够根据客户需求和预期可靠地交付。

运营和技术面临的信任挑战

运营和技术领导者都制定有一套章程，这些章程使他们在面对看似难以处理的巨大复杂性时，有能力实现可靠的交付。他们需要熟悉员工和客户用来完成工作的系统和平台，需要充分了解业务生态系统和业务合作伙伴所用的技术，只有这样才能实现客户预期的结果（有关信任对技术网络的重要性的讨论详见第 15 章）。此外，他们还需要可靠、及时的信息才能使一切顺利进行。下面将讨论可能阻碍这些职责的两项主要挑战。

- 内部信任
- 透明地沟通

内部信任

一方面，这里的挑战不仅仅在于这项工作的复杂性。实际上，挑战在于信任本身。我们的同事阿卜迪说："这些团队面临着相互竞争的目标，许多团队对对方知道或不知道什么、能做或不能做什么做出了错误的判断。而这最终会产生不信任，从而导致系统不稳定和性能不可靠。"正如阿卜迪所说，这一挑战的核心在于业务团队不信任信息技术和运营领域的合作伙伴而合作失败（反之亦然）。为了有效地协作，业务领导者需要能够描述他们希望实现的目标，然后由信息技术和运营团队来确定如何实现这一目标。然而，业务领导者往往会陷入这样的陷阱，即他们认为信息技术团队不会理解他们业务的细微差别和复杂性。很多时候，业务领导者没有花时间来描述他们需要什么，而是直接描述他们希望技术如何为他们服务，但他们又不太可能完全理解技术的优势和局限性（这毕竟不是他们的专长）。接着，这可能会导致代价高昂的变通方法和定制方案，并进而推高复杂性和成本。

另一方面，技术团队可能在没有充分了解业务需求的情况下，就做出了与技术和软件有关的最终决策。实际上，信息技术部门常常因为在没有了解请求背后的业务逻辑或没有提出替代方案的情况下就拒绝业务部门的请求而受到指责。这些动态可能导致组织使用的技术平台满足不了业务需求，从而不仅会导致这些技术平台的利用率低，而且还会导致业务流程效率低。

阿卜迪分享了一个实施大规模转型的公司的例子，该公司计划从现有技术平台迁移到一个能实现可扩展业务增长的新系统。然而，该公司的技术团队和业务团队彼此之间存在着深深的不信任，导致它们从一开始就缺乏合作。关键人员被排除在早期规划之外，这意味着许多业务需求（即业务部门完成工作所需的基本能力）在转型中被忽视。同样，业务团队也不重视与如何利用技术有关的 IT 专业知识，这推高了所需的定制级别，从而导致成本上升且效率低下。虽然预算因此激增了 250%，但所需的功能却仍有 30% ~ 40% 没有实现。这意味着新的解决方案无法满足业务需求，因此，该公司无法正式停用其原本计划取代的许多旧有解决方案。正如阿卜迪告诉我们的那样：

> “我无论怎样强调技术和业务团队接受信任四因素的重要性都不过分。花点时间倾听和理解对方（人性化），公开分享目标和限制（透明度），当然还有一次又一次地有效完成工作（能力和可靠性）。从一开始就投入资源来建立信任将会持续不断地带来红利。”

透明地沟通

众所周知，沟通和协作对任何职能部门来说都是一项艰巨的挑战，对运营和技术团队而言同样重要，因为运营和技术团队依赖于其他方面的投入来有效地满足其自身的业务需求。大多数组织的日益全球化加剧了这项挑战的复杂性。现在的公司表现出一些标准化特征：在多个城市拥有办事处、员工和客户；零部件供应链跨越数十个国家；股东遍及全球。虽然这种全球化带来了不可否认的价值，但同时也带来了明显的挑战。

此外，如果组织总部与驻外办事处之间缺乏协作的话，就可能会导致在做出影响全球利益相关方的决定时的参与不均衡。例如，如果总部不让其全球利益相关方参与制定战略，那就有可能错过有关战略如何在当地市场落地的关键建议。正如第 8 章所述，文化误解无疑会侵蚀信任。更常见的是，那些没有参与创建解决方案的人会更冷淡一些，而且为了解决方案成功的各种投入往往也更少一些。

为了打造一个适用于所有人的系统并以此来提升广泛多样化员工队伍的人性化体验，运营和技术团队必须在设计过程开始时和在整个实施过程中收集各利益相关方的意见。你可能会想：“要坐下所有这些人，我们得需要一张更大的桌子。”你是对的。从所有相关人员那里收集意见所需的时间及其复杂性可能会让人望而却步，但这样做对构建实现其承诺的可靠解决方案有好处。顺便说一句，这也是一种尽早获得组织内关键参与者支持以建立信任的方式。

关于这项挑战，我们最喜欢的例证之一是麻省理工学院的杰伊·福里斯特（Jay Forrester）在20世纪60年代发明的“啤酒游戏”。当阿什莉和阿梅莉亚刚加入摩立特集团时，作为岗前培训的一部分，所有新入职的美国顾问都被要求玩啤酒游戏（遗憾的是，在得出结论之前，你都没有实际消费啤酒）。阿什莉和阿梅莉亚所在团队都输了。不过，公平地说，所有团队都输了，至少在某种程度上是这样。

那么，要怎么来玩这个游戏呢？游戏由24轮组成，每轮有4个步骤：①检查交付；②检查订单；③交付啤酒（不过如果团队没有计划好，可能没有任何啤酒可以交付，这称为“积压订单”）；④做出订单决策。团队成员分别代表零售商、分销商、批发商和制造商。团队成员除了能看到写有订单或产品编号的纸片传递的信息外，看不到其他任何情况。游戏的目标是最大限度地降低成本，参与者持有多余库存和积压订单都将增加一分成本。

结果如何呢？零售商下订单后，需要四周才能到货。零售商因此对缺货感到越来越沮丧，于是大幅增加订单。同样，由于零售商订单，批发商也发现自己缺货了，于是从啤酒厂订购更大批量的啤酒。而啤酒厂需要两周时间来生产啤酒，所以大量订单被积压了。很快，所有参与者都疯狂地试图在剧烈波动的供销周期中建立或消除库存（这种现象称为“牛鞭效应”）。

我们之所以喜欢这个游戏，是因为它表明了人是供应链中最薄弱的部分。同时，这个游戏也强调了：只有透明地沟通，才可能通过可靠的交付来建立信任。

建立信任的运营和技术原则

随着组织变得越来越复杂，运营和技术部门需要在不损害其业务透明度或利益相关方人性化的情况下扩展其可靠交付的能力。通过这种方式，运营和技术部门的后台职能在建立和扩大对公司、产品或服务的信任方面要发挥重要作用。

要通过运营和技术来建立信任的话，需专注于以下原则。

- 专注于基础
- 要考虑人，而不仅仅是系统

专注于基础

就内部而言，运营和技术中的交付能力决定了良好表现和卓越表现之间的差异。良好表现意味着业务平台运行平稳，组织可以专注于企业战略、使命和目标。而卓越表现意味着业务平台运行灵活、适应性强且易于维护，组织可以专注于增长并避免潜在干扰。要创建一个能够实现这种未来专注的生态系统，运营和技术团队必须拥有绝对可靠的基础。领导层必须具有“远见卓识”来预测先进系统（需花费大量时间和资金建立）满足长期战略的着力点，而不是滞后于企业方向的变革。和任何平衡行为一样，这需要众多的核心实力。

因为组织提供的许多产品和服务都依赖于数字平台，所以技术在建立可靠性方面发挥着特别关键的作用。正如尤因所说：“我们的联系越密切，将精湛的技术融入一切就越重要，其中包括把网络安全置于核心位置。你必须有意识地专注于基础，你不能见到新的、闪亮的东西就去追。正是这些基础让公司警觉，向前冲，而不被对手逼退。”（我们同意尤因的观点，并将在下一章深入探讨网络安全。）

尤因专注于这些基础的交付，这使雅培的运营和技术在不断发展的技术环境中值得信任。随着时间的推移展示可靠的能力可以建立信任和信心，可以使其他专业的领导者获得发展其业务所需的技术支持及业务设计支持。

要考虑人，而不仅仅是系统

我们知道，为我们复杂的全球组织构建相互关联的系统需要做出许多具有挑战性的决策。当你权衡这些选择时，最重要的是要记住并确保你是在为人设计系统（在上一章对人才的讨论中，你可能意识到了这个主题）。

最终，良好的人类（我们不喜欢“用户”这个词）体验对于推动合适的结果至关重要。这一点对技术职能而言尤其如此，让产品变得可用、直观和简单是建立信任的好方法。作为首席信息官，尤因知道她的决策会影响到每一个与雅培有利害关系的人。她说：“在后方提供系统的人并不是只有我们！我们分布于全球各地的员工、客户及监管机构都以某种方式参与了构成业务基础的各个系统。”

就产品或流程的成功发布来说，组织的技术和流程超级用户通常与这些产品或流程的执行经理一样重要。“忙碌”的员工可能因为技术或流程专业知识而名声传遍全公司，这给了他们“信任资本”。因此，弄清楚谁是你组织中的同等影响者，你就可以利用他们的“信任资本”来进行任何所需的技术或流程变革。很显然，识别关键的外部利益相关方同样也非常重要。例如，业务合作伙伴可能与客户同样重要。如今，没有哪一家组织的供应链中没有下游和上游合作伙伴。企业业绩的成功取决于所有利益相关方。

一旦你熟悉了你的用户，那就在设计过程中尽早与他们接触。通常情况下，如果人们帮助设计了一项新技术或新流程，他们就更有可能接受它，因为他们往往会在共同创造的过程中调整自己的期望。尤因解释了人性化地相待是如何培养互惠的和更牢固的工作关系的：“这不仅是在参与方式上尊重他人的人性，也是在认识到‘完美人’的概念是种谬论时给予恩典。人性化也意味着给予自己一点点恩典。虽然你仍需努力，仍有很高的期望，但请看看人性化的核心中是否包含了一些恩典。要认识到，你同样是一个不完美的人。”

记住，为人设计需要做到透明地沟通。正如啤酒游戏巧妙地说明的那样，每个阶段开放的沟通渠道和相关信息构建起的透明度有助于促进生产和交付的顺利进行。透明度要平衡用户和团队对技术及流程产生信任所需的信息，而不是使用户和团队被过高的复杂性压垮。为此，雅培最近使用日常语言而不是法律语言更新了同意书和隐私声明。此外，雅培还致力于通过构建一个安全环境来鼓励在保护敏感信息的同时公开反映问题，从而在雅培和使用其产品的医疗保健提供者之间的透明度得到了提高。尤因说：

> “当人们考虑透明度时，他们往往会设想看到所有东西。但有时候，透明更多地是指提供合适的信息，即与当前情况相关、易于理解且有意义的信息。”

你与患者沟通的内容必须与你和监管机构合规团队沟通的内容有质的不同，因为两者的透明度需求不同。此外，还要考虑与合规性相关的数据可能会让消费者感到困惑和（或）沮丧，这不是透明的目的（正如第 1 章所述，“从农场到餐桌”餐厅的食客宁愿不了解人道地屠宰动物的透明细节）。

这种透明度和可靠性对于安全领域越来越重要，尤其是在涉及技术安全时。只要浏览一下大多数主要科技公司的组织结构图，就可以看到它们都设有“信任与安全”或类似的职能部门。考虑到这一点，下一章将转向网络安全，探讨如何建立、保护和加强在这一重要领域的信任。

第 15 章
网络安全

本章将讨论：

- 网络安全在建立信任方面的作用
- 网络安全面临的信任挑战
- 建立信任的网络安全原则

网络安全在建立信任方面的作用

让我们来谈谈数据。你每拍一张照片、每写一封电子邮件甚至每访问一个网站，都在产生数据。在全球范围内，每天发送的推文多达 5 亿条、电子邮件超过 3000 亿封、短信近 190 亿条。根据最保守的估计，现在每天产生的数据至少有 2.5EB。1EB 有多大呢？ 10^{18} 字节。"1"后面有 18 个零！实事求是地说，世界上最大的实体图书馆是美国国会图书馆，拥有超过 1.67 亿件藏品。而 1EB 相当于 3000 个国会图书馆的数据量——这意味着作为一个全球社会，我们每天产生的数据足以填满 7500 个国会图书馆。

网络安全团队负责保护所有这些数据，并防止未经授权的用户访问不应该访问的信息。在这个过程中，网络安全团队还负责保护身份——即所有让你成为在线的“你”的东西，比如用户名和你的在线活动（即你事实上的数字足迹）。当然，网络安全团队必须以符合适用法律的方式管理数据访问。

网络安全团队在促进一系列利益相关方群体之间的信任方面也发挥着关键作用。客户和员工希望他们的信息是安全的，希望他们的隐私受到尊重。业务合作伙伴和投资者对安全性的要求极高。监管机构对组织在处理个人数据和知识产权等专有数据时寄予厚望。然而，网络安全风险很高。虽然违规（也称为“安全事件”）或不良网络卫生行为的直接成本可能表现为监管罚金或暂时的服务中断，但更大的代价通常表现为长期品牌声誉和价值受损。受这些事件影响的组织其价值要比行业同行低 26% ~ 74%。

为了阐明网络安全面临的挑战和通过网络建立信任时应考虑的原则，我们寻求了我们的同事、德勤美国网络与战略风险业务负责人德布·戈尔登（Deb Golden）和安伊艾（REI）公司首席信息与安全官迈克·休斯（Mike Hughes）的帮助。

让我们很喜欢的是，德布除了是一名网络专家外，还与导盲犬基金会（Guide Dog Foundation）和美国服务犬协会（America's VetDogs）一起饲养和训练小狗，这项工作的灵感源自其家族的军事历史。德布会带着她的服务犬参加会议和旅行，让它们适应这个世界。如果你乘飞机去华盛顿特区或从华盛顿特区出发，你可能会发现她和她的现任服务犬本尼在同一航班上。

迈克·休斯在系统工程和信息安全领域工作了 20 多年，领导过塔吉特（Target）和星巴克等知名公司的团队。加入 REI 后，他回忆道：

"我对 REI 最清晰的记忆都快 20 年了。当时，一位好朋友买了本《雪鞋路线：华盛顿》（*Snowshoe Routes:Washington*），在多次尝试后，他说服我从 REI 租了双雪鞋，去穿越冰雪中的贝克山森林。后来，我又租了两次，我投资了野外雪鞋和登山靴，整个冬天我们都在户外享受。这使得我多年来一直在雪地里探索山脉，而在那之前，我只在夏天的几个月里有过野外生活经历。"

网络安全面临的信任挑战

网络领域的挑战性和复杂性一年比一年增加。不久前，保护数据就像保护一座有城墙和护城河的城堡——利用防火墙及用户验证等技术可以在这座城堡周围建起一道护栏。然而，随着云计算和分布式网络的出现，情况发生了变化。数据可以驻留在多个地方，网络的正常运转依赖于能力不同的多个合作伙伴。外部威胁是隐秘的、资金充足的、高度复杂的和全球性的。在某些情况下，这些威胁甚至还与恶意政府机构有关。与此同时，新冠疫情增加了这项工作的难度，这是由于人们更加依赖远程工作以及通过广泛的设备和技术共享信息。这一发展造成了新的数据漏洞。区块链、5G、分布式自治组织（DAO）和虚拟世界进一步分散了信息。随着商业模式对新技术和平台的采用，可用来建立信任的网络能力变得越来越重要。

加强网络安全的技术挑战是巨大的。我们将突出网络团队在建立信任时所面临的三管齐下挑战的细微差别。

- 客户困境
- 员工困境
- 合作伙伴困境

客户困境

各品牌都依赖于大量个人数据来提供更丰富、更充实的人性化体验。例如，当阿什莉在网上购买鞋子时，她希望能够跟踪自己的订单和回看之前的购买情况。而阿梅莉亚对节省时间的选项情有独钟，在周六晚上为孩子们点比萨饼时，她希望可以利用历史订单。可以说，这些好处是良好购物体验的基本要求，它们都需要大量的个人数据。

德布承认，这将组织带入了困境。“收集和使用数据现在成了全球商业模式的核心，领导者需要重新评估他们平衡数据风险及价值的方法。虽然数据可以创造难以置信的增强体验机会，但如果没有得到适当的安全保护，它们也会破坏价值并侵蚀信任。前瞻性的领导者正在积极考虑平衡利益和风险，并与市场营销和体验、风险、法律、IT 部门的其他高管及董事会成员密切合作，以做出明智的选择。”此外，客户也对提供如此多信息让科技巨头和其他方获利而自己却一无所获这种情况越来越担心。大多数客户会允许品牌收集数据，但前提是客户认为这些数据对他们个人来说是相关的和有用的。客户还希望能够决定收集哪些数据以及如何使用这些数据。例如，在我们最近的研究中，68% 的受访者表示，当他们经常购买的品牌在商品上市时向他们发出提醒时，他们认为这很有帮助。相比之下，11% 的人觉得这种提醒令他们紧张。一方面，我们可以用认为这种提醒有帮助的客户的百分比减去认为这种提醒具有侵入性的客户的百分比，得到一个“净帮助分数”。在这种情况下，相关提醒的净帮助分数为 57%。另一方面，当感觉到设备似乎是在监听自己时，人们的反应是负面的。你正在和朋友聊你对咖啡因的渴望，你的社交媒体上便出现了一则咖啡广告。在这种情况下，26% 的人认为这种互动是有帮助的，而高达 53% 的人表示这种互动是侵入性的，这时净帮助分数为 –27%（见图 15-1）。

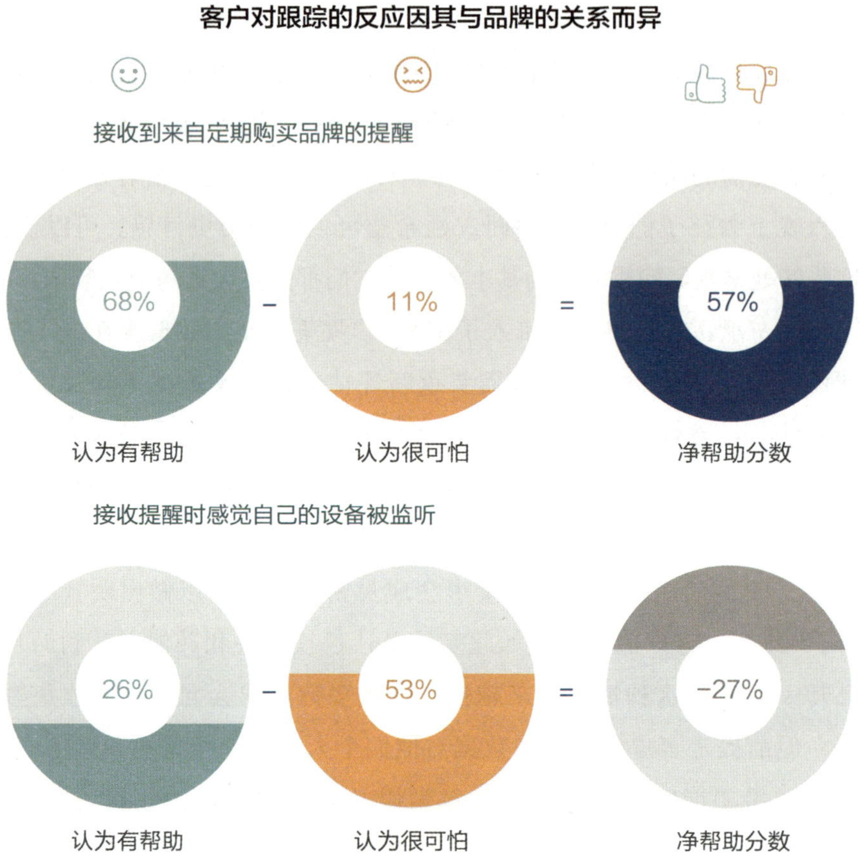

图 15-1

客户共享数据的意愿在很大程度上受到他们与相关组织的关系以及这种共享能给他们个人带来多大好处的影响。

消费者希望以有利于他们的方式聪明地收集和使用他们的数据，同时他们希望自己的隐私受到保护。

为了满足这一需求，组织必须为客户设计动态的数据管理方式，并通过易于理解的界面使这些选项可见。

组织还应该对收集哪些数据和不收集哪些数据做出明智的选择。网络团队发挥着关键作用，比如引导营销和体验部门的同事注意与数据收集相关的风险，以及注意哪些数据相对于其价值而言可能具有最大风险。一旦做出这些选择，网络团队就有责任保护并管理这些数据的使用。此外，网络专业人士还需要考虑如何将数据收集实践传达给客户，以及在选择提供哪些数据方面给予客户多高的自主权水平。不同组织的权限和决策水平差异很大。在某些情况下，网络团队负责做出这些选择；而在另一些情况下，这些决策是由业务部门驱动的。不管是哪种情况，网络团队都要对这些行动导致的建立信任或失去信任负责，并在此过程中与其他团队密切合作。

员工困境

网络安全对于员工信任也至关重要，因为组织被委托处理与员工有关的大量敏感数据——如社会保障号码、退休计划、家庭信息、税务和健康信息等。这些信息落在错误的人手上可能会导致破坏性结果。一方面，确保这些信息的安全与 20 世纪的工厂确保人身安全一样重要。

另一方面，员工本身也可能面临安全困境。如今的技术使得人们能够：居家办公；创造内容、新产品和新服务；分析数据；在组织内外进行协作、沟通；销售公司的产品和服务；服务客户。大多数增值活动都需要人们通过已识别并获授权的身份进行一定程度的安全访问，这使得员工成为最大的网络安全隐患之一。

在《华尔街日报》最近的一项研究中，有 67% 的受访网络安全专业人士表示，他们担心恶意员工。然而，大多数违规行为是由人为失误造成的，并非出自恶意。斯坦福大学和网络安全公司特吉安（Tessian）

的研究人员发现，约88%的数据违规行为是由员工失误造成的。

最近的一个案例是2017年美国一家信用报告机构的违规事件，该事件导致1.47亿人的个人数据遭泄露，并因此要支付4.25亿美元的和解金。在国会证词中，该机构首席执行官多次提到其技术部门的一名“员工”，该员工没有“注意安全警示，也没有确保实施本可以防止漏洞的软件修复”。很难相信一个粗心的人会造成如此巨大的损失。如果这起事件促使你立马更新笔记本电脑上的软件，那就做吧。

就员工而言，网络安全团队需要通过教育、培训和强制措施来确保所有人都对数据保护负责。

合作伙伴困境

各种规模的组织都依赖于复杂的合作生态系统，并以建立或削弱消费者信任的方式将其产品和服务推向市场。例如，组织需要为生产采购原材料，需要与云合作伙伴就信息管理和可访问性进行合作，需要与广告合作伙伴就品牌信息传达进行合作，需要依靠运输公司进行交付。这些事务中的每一项都涉及共享完成任务所需的数据和信息，网络团队应为这些数据和信息提供保护。原材料采购可能包括订单数量和型号以及付款信息，与广告商合作可能涉及共享品牌认知和消费数据，交付方面的合作伙伴需要获得客户名称、地址和订单来处理发货。由于所有这些数据共享都是必需的，所以组织的强大与否取决于其最薄弱的环节。

这就是为什么在评估合作伙伴时，业务职能部门应该将网络安全团队纳入决策过程的原因之一。虽然网络团队通常不会做出与业务合作伙伴相关的选择，但他们可以帮助评估相关风险。休斯描述道，选择合作伙伴就像为孩子选择托儿所一样。“你会期望你的孩子在托儿所和在家里一样安全。在网络领域也是如此，组织期望它们的数据在第三方手中和在组织自己手中一样安全。”

这种保护和关注的水平至关重要，因为合作伙伴犯错可能会在整个业务生态系统中引发连锁反应，并造成巨大破坏。我们从 2021 年的太阳风公司（SolarWinds）攻击之类的事件中看到了这种影响。在那起事件中，太阳风公司系统中的恶意软件通过软件更新传播至了整个业务关系网络中的 1.8 万个客户。这次复杂的攻击影响的组织十分广泛。根据美国证券交易委员会（SEC）的报告，有《财富》500 强公司以及多个美国政府机构受到了该入侵的影响。另外，此次攻击还突出地表明，安全事件对组织平稳、可靠运行的能力具有重大影响，以及网络中的每一个节点（更不用说二级和三级关系）都可能引发更广泛的网络风险。这次攻击还凸显了“获得可见性极其困难”这一点。一个组织可能有数千家供应商，每家供应商都可能成为攻击点。

德布认为，太阳风公司攻击事件可能代表了一个转折点。她说：“像太阳风公司攻击这样的事件导致了对供应链更为仔细的审查，强调了组织的安全性取决于合作伙伴（以及这些合作伙伴的更广泛供应商网络）的安全性。各组织有责任保护信息，并以近乎实时的方式应对和管理更广泛的网络威胁。这给组织带来了严峻的挑战和风险。然而，对那些做得很好的组织来说，这也是一个建立和加强信任的绝佳机会。”

建立信任的网络安全原则

即使取得了重大进展并拥有更全面的方法，许多组织也仍然没有做好准备来应对恶意网络行为者攻击其数据和合作伙伴数据的创新的新手段。网络威胁会传播，但只有当整个业务生态系统受到感染时才会可见。简单地说，没有强大的网络计划，组织就无法建立信任。

为了通过网络建立信任，我们将讨论以下四项关键原则。

- 视预防为一种愿望（但并不总是一个现实的目标）
- 成为推动者，而不是阻碍者
- 分享意图并允许选择
- 对人为失误做好规划

视预防为一种愿望（但并不总是一个现实的目标）

"保护和预防"是网络专业人士十分熟悉的口头语，即保护组织的数据基础设施免受攻击，防止员工意外误用数据等数据事件。尽管这一观点在网络社区中的接受度越来越高，但人们可能不太熟悉的是，预防只是一种愿望，其本身并不是一个现实的目标。

考虑到网络环境的高度复杂性和快速演变，可以合理地预期：组织每天都面临和管理着影响信任的威胁。同样合理地预测其中一些攻击将是有效的，公司应根据管理威胁的速度而不是根据避免了多少威胁来衡量成功与否。迈克·休斯说道："如果一家公司声称它没发生过任何安全事件，也没有进行过此类调查，那你永远不要和它有业务往来，因为它的安全性不够强。再小的事件都必须得到迅速补救，否则往往会导致潜在数据泄露和重大事件的发生。"

判断成功与否的更好方法是评估从检测出攻击到组织从攻击中恢复所需的时间。网络团队最终负责确保业务能够在没有网络中断的情况下照常进行，员工能够访问工作所需的系统，客户能够继续参与、使用服务和进行购买。为了帮助我们理解这对 REI 意味着什么，休斯给我们讲述了 REI 的成长经历。

一切都始于一把冰镐。具体来讲，在奥地利销售的一种冰镐品牌在美国很难买到，而且价格昂贵。REI 的创始人意识到，集体购买将使人们能以更便宜的价格获得更好的装备，于是，“户外用品合作社”的概念应运而生。如今，REI 的目标仍然是确保每个人都能通过享受户外时光来体验生活的美好。对休斯来说，这意味着要保护员工的工作生活和客户的生活方式免受攻击，并确保一切恢复正常的能力。“我们的目标是实现户外冒险的生活方式，这正是我们的初衷。”想象一下，有人正在计划他们的夏季露营之旅，但却无法访问 REI 网站。他们可能会去其他地方购买，也可能会放弃装备，这两者对提升 REI 的目标和品牌都没有好处。

为了最大限度地减少网络攻击者在系统中停留的时间、降低恢复的要求并确保系统平稳运行，休斯推广了一种双保险方法。公司应建立冗余的安全程序来帮助控制威胁和管理风险。这意味着组织越来越多地在“预防和保护”的说法中加入“检测和防御”。这两种策略协同工作。因为任何预防计划都不可能是完美的，所以组织总是需要一个检测和防御计划。

组织还应大力强调将网络加信任纳入其业务实践。这种融合有助于它们更好地抵御无情的对手，加强与客户、合作伙伴及员工的关系，并减少分心。通过积极预测这些挑战，同时保持对一系列潜在的破坏性场景的灵活性和适应性，组织可以专注于这项使命。

成为推动者，而不是阻碍者

在首席营销官和首席体验官看到的机会（例如引入新的数据供应商）与通过数据保护和隐私来建立信任的必要性之间进行平衡意味着网络工作中没有“筒仓现象”存在的空间。需要在营销（通常决定收集什么数据）和网络（保证隐私、安全和合规）之间建立合作关系，为客户和其他利益相关方提供安全的无缝体验。

休斯指出，营销组织往往对合作伙伴关系持非常乐观的看法。营销人员看到了获得收入或新客户的好处。“这种乐观情绪很容易导致忽视警示信号，所以我的团队的工作是与第三方谨慎合作，了解它们在隐私、安全、治理和工程设计方面的优势。我们需要为我们的组织构建一幅整体图景。如果出现危险信号，我们将与潜在合作伙伴一起应对，建议它们针对网络安全采取一些不同的做法，这样我们就可以继续前进。如果它们无法做到这一点，我们可能会告诉我们的销售和营销人员，与这样的合作伙伴合作看起来不是个好主意。”

通过在流程的早期提供专业知识，首席信息与安全官能使数据所有者（首席营销官、首席体验官和其他方）安全地实现公司战略并遵守法规。首先是在倾听的基础上建立牢固的关系，并为相互冲突的利益找到互利的解决方案。接下来，准备好用同事能理解的术语解释数据泄露的后果，例如客户流失、收入损失和利益相关方信任下降。如果网络领导者不特别善于解释相关场景和后果，那么其团队中的某个人必须来做这项工作——信任不是通过阻止他人完成工作获得的，而是通过利用你的知识和判断来促成他们的目标获得的。

分享意图并允许选择

当然，当你谈论赢得信任时，你需要保护的最重要资产通常是个人数据。组织应该用通俗易懂的语言说明如何以及为什么要使用个人数据（见第 14 章中的相关透明度讨论）。更确切地说，这并不是意味着一份旨在保护组织利益的 10 页法律文件，而是意味着帮助人们理解为什么他们的数据会被使用，以及所使用的数据中有哪些是为他们个人所用。

此外，受信任的组织也更愿意通过允许个人选择自己的数据和隐私偏好来让个人拥有控制权。这种允许是一种通向更高人性化认知的途径，即组织的网络实践重视个人偏好。需要注意的是，人们极有可能选择默认设置。如果默认设置是共享大量数据并且客户必须执行许多步骤才能更改设置，那他们通常不会更改（他们可能会部分更改，也可能会更改不成功）。组织应该认识到这种情况，并谨慎考虑各种策略（例如选择进入和退出）。选择进入（opt-in）模式的一个简单例子是，默认不收集数据，用户选择他们愿意分享什么和不愿意分享什么；而选择退出（opt-out）模式是，默认收集数据，用户必须弄清楚正在收集的内容，并主动要求停止数据收集。在我们的研究中，我们看到一些最不受信任的品牌选择了退出模式，当用户发现这种模式所收集的内容后，他们便会产生一种不愉快的、破坏信任的被惊吓的感觉。

毫无疑问，主动权对个人而言至关重要，我们可以以苹果公司为例。2021 年 4 月，苹果公司推出了一项功能，允许 iPhone 移动设备用户选择是否允许广告商跟踪他们的在线活动。截至 2021 年 12 月，89% 的美国 iPhone 用户运行的软件都已更新至最新版本，可以接收到是否允许广告商跟踪的提示。在这些人当中，有 71% 的人选择退出被跟踪。这一决定表明人们严重缺乏信任，尤其是缺乏对社交媒体公司的信任，其中四家公司因人们以这种方式选择退出而损失了总计高达 2780 亿美元的市值。

对人为失误做好规划

人为失误随着网络出现而出现。每个人都在保障安全和降低风险中扮演着一个角色。虽然技术可以在很大程度上帮助降低网络风险，但从根本上解决人为因素问题既重要又极具挑战性。

例如，当网络安全专家推广无法简单使用的复杂的验证码时，他们会诱使人们另寻他法（如写下验证码或使用不安全的验证码文件），而这背离了初衷。多次被锁定在组织账户之外且得不到丝毫援助是令人沮丧的，这促使人们认为系统与工作不兼容。他们认为，“这么做真的是太难了，这次我只用我的个人智能手机好了”，而这时你就因沮丧而成了安全隐患。安全措施通常被视为工作的障碍而非助力，如果没有来自所有其他业务领域的团队积极合作，这些措施就无法充分发挥潜力。

组织可以通过建立“最佳目标”默认项，将他们在错误的地方暴露数据的机会降至最低，来赢得员工信任，并促使他们采取组织期望的行为。一个组织可以假设员工采取了有效预防措施并只与相关方共享数据（特别是在与外部共享数据时），这样来与员工建立信任。然而，假设员工会犯错也是合理的，因此在这种情况下，“最佳目标”的例子可以是每封带有附件的外部电子邮件都会有个额外弹框，要求发件人确保收件人是真的目标收件人，且所有能收到这封邮件的人都有权接收这些信息。

最佳网络安全团队将所有员工视为其实践的延伸。网络安全应该是组织中每个人的责任，它需要包括领导层在内的所有人的合作。例如，高管必须做出明智的决定来适当平衡提供保护的安全措施和产生阻碍的安全措施。首席营销官及首席信息与安全官一起就能理解数据收集选择的影响，并努力将客户面临的风险降至最低。

对人为失误的理解和规划以及跨职能和跨层级的协作，降低了出现网络风险的可能性，增进了信任。

关于这一点，我们已经探讨了在整个组织的重要职能中建立信任的关键的和富有挑战的方法，并强调了克服这些挑战的原则。现在，我们要谈的是为什么我们每个人都有责任将这些原则付诸实践。下一章将讨论为什么信任很重要，为什么组织必须响应召唤采取行动，以及我们所有人今天应如何开始行动，不仅仅是以领导者、客户、员工的身份，而最重要的是，以人的身份。

结　论

本结论将讨论：

- 现在亟须建立信任
- 为什么组织必须带头
- 建立信任的原则

我们的研究给我们带来了对未来的巨大希望，因为组织共同拥有资源及力量来建立和保持信任进而改变世界。

现在亟须建立信任

我们的朋友、福特公司的大卫·柯比用一个尖锐的比喻说明了信任对于我们社会结构的重要性。他说，如果你去会议室开会，你要做的第一件事就是找把空椅子在会议桌旁坐下来。想象一下，有一天你拉开最近的椅子，一屁股坐了下去。在你意识到发生了什么之前，你已经很尴尬地坐在了地板上，而那把破椅子就倒在你旁边。那第二天开会，你是会立即坐下来，还是会先检查一下你的椅子呢？

如果你每次坐下来都不得不先检查你的椅子，时时刻刻都不得不确认你的银行保管好了你的钱，或者每次吃饭都不得不先闻一闻你的食物……如果你不得不怀疑一种产品是否有广告中说的那样好，或者不得不质疑你的雇主是否会信守承诺……如果你必须做所有这些事情，那你就没有时间做更多事情了。

信任是人类进步的基础。数万年前，人类以小型游牧群体的方式生活，一起旅行，一起狩猎，并隔段时间与其他群体聚集。部落文化由此发展，最终每个人都有了明确的分工。有人打猎，有人收集食物，有人制造工具并创造有用的物品，有人抚养孩子，有人照料动物。你因为需要部落里其他人制作的工具而不会去偷他的食物。

随着社会的演变，口语不断发展，再后来有了文字记录。作为保存记录和“推行”信任的一种方式，最早的文字大多记录了易货经济中的交易。例如，这 10 张羊皮换那 5 把锋利的刀。记录这些是有实际原因的。人类一次可以维持约 150 个社会关系。在那之上，我们需要类似的书面表达来记录和记住对各种关系来说很重要的信息。

通过这种方式，来自部落内部的隐含信任可以扩展到部落以外的人。信任与你来自哪个部落或家庭无关。相反，信任被书面合同和法律所取代。那些值得信任的人依靠一个规则框架（即“法治”）来信任他们不认识的人，那些不可信的人因害怕惩罚而被迫在某种程度上表现出良好行为。

在数百万人之间建立信任的方式是：为值得信任的人创造可以继续其生活和工作的方式，并借助社会机构保护他们免受不值得信任之人的伤害。对“金钱”这样的抽象概念的信任源于进行物物交换以外交易的需要。

然而，我们现在认为，世界正面临着直接影响国家经济表现的信任赤字。在第 2 章中，我们分享了经济学家保罗·扎克和史蒂芬·奈克的发现，即一个国家中认为“大多数人都可以信任”的人增加

15%，就可使该国的年经济增长率提高整整一个百分点。如果你在我们撰写本书时将这两位经济学家的观点应用于全球经济，你会发现，持“大多数人都可以信任”这一看法的人增加 15%，全球每年的 GDP 就会增加 8470 亿美元。

为什么组织必须带头

尽管信任受到了侵蚀，但公司和非营利组织正凭借其相对强大的社会地位开始重建信任。我们认为，这使得每一个组织都有机会和责任来恢复信任。我们特别想强调以下三个原因。

- 创新性和敏捷性的表现记录
- 相对的优势地位
- 建立信任是经济上的当务之急

创新性和敏捷性的表现记录

在解决问题方面，一些组织要比其他机构灵活得多。创新型公司通过寻找新的方式来创造体验并满足客户，从而取得成功。像盖茨基金会和斯科尔基金会这样的现代慈善组织是非营利工作创新的引擎。近几十年以来的伟大创新运动（如敏捷管理和设计思维）在愿意尝试新事物的组织中经受了实际考验。这些组织正在寻找竞争优势，或想要更完整地履行其使命。

一些组织（尤其是企业）能够在需要时改变路线。就在几年前，车企高管们还可能会说：“不要跟我谈什么电动汽车，它们永远不可能取代汽油车。”而在 2022 年，主要车企重新设计了它们的产品，并推出了数十款全新的纯电动车型。其中少数车企还承诺在 10 年内投资数十亿美元来实现全电动化。世界上一些最有影响力的企业领导者正在大力推动他们的组织和其他方为气候变化问题采取广泛行动，他们认为气候变化对盈利和生活都构成了威胁。

相对的优势地位

企业现在是最值得信任的机构类型。全球公关公司爱德曼完成了它们关于公众信任的第 21 项研究，该研究调查了 28 个国家的 3.3 万多人。这项研究表明，企业赢得的信任度最高（61%），其次是非政府组织（59%）。这两类组织都比政府（52%）和媒体公司（50%）更受信任，而媒体公司被认为是有高度争议的。

企业不仅更受信任，而且越来越被认为是推动积极变革的源动力。我们认为，企业应该在那些与经济、不平等和气候变化有关的政策辩论中发挥作用，并改善医疗保健和教育。而且，正如第 11 章所述，员工们特别关注自己的雇主。尽管只有略超一半的美国受访者表示他们信任企业，但有近 3/4 的人将自己的雇主视为信任支柱。

我们越来越期待企业和非政府组织领导者重建信任。如果他们没有这样做，那还会有谁来做呢？

建立信任是经济上的当务之急

最终，企业领导者必须意识到，如果他们的员工不能茁壮成长，那他们的组织也就无法生存。当员工蓬勃发展时，企业长期盈利能力、面对无情变化的适应性、目标的实现和持久的股东价值等传统指标也会蓬勃发展。如第 11 章所述，这一假设推动了 ESG 和利益相关方资本的兴起，并使其成为主流。

经济学家会告诉你，信任对于持续的经济关系是必须的。人们希望与那些不只是对每笔交易的利润最大化感兴趣的组织做生意。即使是数百年来主导经济思维的纯理性分析也表明，建立信任对那些希望长期生存下去的组织来说很重要，因为它创造了回头客。

然而，行为经济学提醒我们：人们在经济决策中并非是完全理性的。因为人们一次记住所有关系细节的能力有限，所以他们会回到“直觉”来做选择。需要学会的是，纯理性的争论不会建立信任。用玛雅·安杰卢（Maya Angelou）的名句来说，最重要的是人们在信任四因素体验方面的感受。

建立信任的原则

我们最后想谈谈 5 条原则，你可以利用这些原则将信任转化为一项纪律，以提升你的员工、客户和合作伙伴的体验。

- 首先，使自己人性化，为团队树立值得信任的领导行为榜样。
- 其次，衡量信任及其构成因素（人性化、透明度、能力和可靠性）。HX TrustID 问题是可免费使用的，我们希望你将其应用于你的组织。
- 第三，将人性化、透明度、能力和可靠性融入组织文化，使其成为每次互动的一部分。
- 第四，不要做独行侠。我们希望已经通过我们分享的故事证明了，建立信任是一项跨越组织与合作伙伴生态系统各部分的、协调的团队努力。
- 最后，通过以公开声明的方式报告你与内部团队和外部各方的信任关系，进行透明的领导。

我们的目标是建立信任，并帮助领导者对其生态系统中的人产生积极影响。我们能够在做到这一点的同时持续推动盈利增长，而这会是一种强大且永久的变好的动力。毕竟，盈利是资本创造更多、更好就业机会的方式。对于非营利组织，收入是将想法和价值观转化为现实结果的动力。然而，在赚取了收入和利润并将之投入使用后，更大的问题仍然存在："我在使世界变得更美好吗？我在履行更崇高的使命吗？我是为了比财富、权力或名声更崇高的目标而工作吗？"

我们对通过建立信任来提升人类体验充满热情，因为它创造了我们想要为之服务的组织，以及我们想要生活在其中的世界。

Appendix

附　录

附录 A

HX TrustID 调查方法

问答量表

我们对 HX TrustID 因素及属性问题使用了 7 分制问答量表。

1	2	3	4	5	6	7
强烈反对	反对	略微反对	既不赞成也不反对	略微赞成	赞成	强烈赞成

客户调查问题

HX TrustID 四因素

请为你赞成或反对以下陈述的程度打分。

1.【人性化】（品牌，这里可替换为所研究的品牌名）对我表现出了同理心和善意，并公平对待每一个人。

2.【透明度】（品牌）以通俗易懂的语言公开分享所有信息、动机和选择。

3.【能力】(品牌)创造优质产品、服务或体验。

4.【可靠性】(品牌)始终如一地、可靠地履行其承诺。

HX TrustID 属性

请为你赞成或反对以下陈述的程度打分。

1.【人性化】(品牌)将快速解决安全、保障和满意度问题放在首位。

2.【人性化】(品牌)重视并尊重每一个人，无论其背景、身份或信仰如何。

3.【人性化】(品牌)重视社会和环境益处，而不只是利润。

4.【人性化】(品牌)照顾好员工。

5.【透明度】(品牌)营销和沟通是准确的和诚实的。

6.【透明度】(品牌)坦率地说明了它们如何从与我们的互动中赚钱和花钱。

7.【透明度】(品牌)用通俗易懂的语言说明了如何以及为何使用我的数据。

8.【透明度】(品牌)明确而坦率地公布了产品、服务和体验的费用及成本。

9.【能力】(品牌)产品质量好、容易买到且使用安全。

10.【能力】(品牌)产品、服务或体验是价有所值。

11.【能力】(品牌)员工和领导层都很有能力，并且知道如何满足我的需求。

12.【能力】(品牌)创造了着眼长远的解决方案和改进，对我来说效果很好。

13.【可靠性】(品牌)可用来提升其产品和服务质量。

14.【可靠性】(品牌)始终如一地交付高质量的产品、服务或体验。

15.【可靠性】（品牌）有助于数字互动的顺利运行，并在需要时发挥作用。

16.【可靠性】（品牌）充分、及时地解决问题。

员工调查问题

HX TrustID 四因素

请为你赞成或反对以下陈述的程度打分。

1.【人性化】（雇主，这里可替换为所研究的雇主名）对我表现出了同理心和善意。

2.【透明度】（雇主）使用通俗易懂的语言分享了对我来说重要的信息、动机和决定。

3.【能力】（雇主）为我创造了良好的工作体验，并为我提供了把工作做好所需的资源。

4.【可靠性】（雇主）始终如一地、可靠地履行对我的承诺。

HX TrustID 属性

请为你赞成或反对以下陈述的程度打分。

1.【人性化】（雇主）重视并尊重员工。

2.【人性化】我觉得（雇主）关心我的福祉。

3.【人性化】（雇主）公平对待每个人。

4.【人性化】我感觉（雇主）的文化吸引了我。

5.【透明度】（雇主的）重要沟通及时且信息丰富。

6.【透明度】（雇主）对公司的经营情况持开放和愿意沟通的态度。

7.【透明度】（雇主）让我看到了其行为如何符合他们所陈述的价

值观。

8.【透明度】我工作所需的信息易于获取和理解。

9.【能力】我尊重领导层做出良好决策的能力。

10.【能力】(雇主)能为我提供把工作做好所需的工具、技术和资源。

11.【能力】(雇主)坚持并实现其既定目标。

12.【能力】(雇主)提供了卓越的工作体验。

13.【可靠性】我觉得(雇主)致力于对员工负责。

14.【可靠性】我可以指望(雇主)改进其政策和程序来支持员工。

15.【可靠性】我可以依靠(雇主)来支持我并解决我提出的问题。

16.【可靠性】当内部危机或事件发生时,我可以指望(雇主)来处理。

如何计算 HX TrustID 分数

既然我们已经概述了我们的方法,那接下来我们将通过更详细的例子来说明如何计算 HX TrustID 分数。

1. 定义回答。

(1)强烈赞成和赞成的回答被定义为积极 / 高信任。

(2)略微赞成、既不赞成也不反对,以及略微反对的回答被定义为信任中立。

(3)强烈反对和反对的回答被定义为消极 / 低信任。

消极 / 低信任	信任中立	积极 / 高信任
强烈反对 反对	略微赞成、略微反对 既不赞成也不反对	强烈赞成 赞成

2. 根据人性化的 7 分制量表,以下例子说明了,对于某个特定品

牌，受访者在这三个方面比例是怎样的。

人性化

消极 / 低信任	信任中立	积极 / 高信任
11%	43%	46%

3. 为了获得该品牌的人性化分数，我们将用 46（积极 / 高信任）减去 11（消极 / 低信任），得到人性化分数为 35。

高信任（46）– 低信任（11）= 人性化分数（35）

4. 对四因素中的其余因素重复此计算。

透明度

消极 / 低信任	信任中立	积极 / 高信任
7%	45%	48%

透明度分数：48–7=41

能力

消极 / 低信任	信任中立	积极 / 高信任
5%	40%	55%

能力分数：55–5=50

可靠性

消极 / 低信任	信任中立	积极 / 高信任
9%	38%	53%

可靠性分数：53–9=44

5. 为了计算品牌的综合分数，我们直接取四个因素分数的简单平均值。

综合 HX TrustID 分数：(35+41+50+44) / 4=43

附录 B
对客户而言最重要的人口统计特征

对客户而言，以下人口统计特征数据按降序驱动信任。

- 父母身份：为人父母者更有可能对品牌产生信任感（见图 B-1）。
- 地理位置：城区客户的信任度比郊区客户高，而郊区客户的信任度比农村客户高（见图 B-2）。
- 受教育程度：受教育程度越高的客户其信任度越高。
- 年龄：千禧一代信任度最高，其次是 Z 世代、X 世代、婴儿潮一代和沉默一代。
- 生活状况：与他人（尤其是已婚人士）生活在一起的人比独自生活的人信任度更高。

父母身份

在我们调查的所有群体中，为人父母者最有可能产生信任感。为人父母者的信任度要比非父母高出 70%。当把父母身份视为一个人口统计特征变量时，其背后的原因似乎并不明显。不过，从预期的角度来看的话，其中的理由会变得更加清晰。大多数为人父母者都会同意，生孩子会极大地改变他们的预期。例如，当阿什莉生下双胞胎时，她很快就适应了睡眠很少或根本没有睡眠的预期（即使这对双胞胎现在四岁了，这种情况也仍然没有改变）。此外，照顾他人会限制为人父母者怎样以及在哪里花费时间和资源，从而进一步影响他们的预期。

为人父母者比非父母更有可能信任品牌

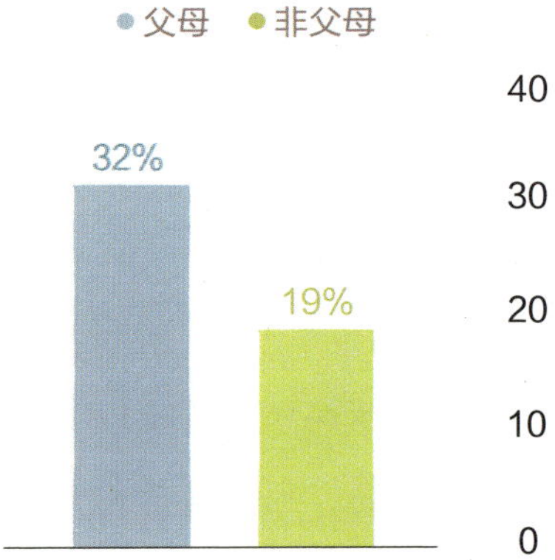

图 B-1

城区客户比郊区客户或农村客户更信任品牌

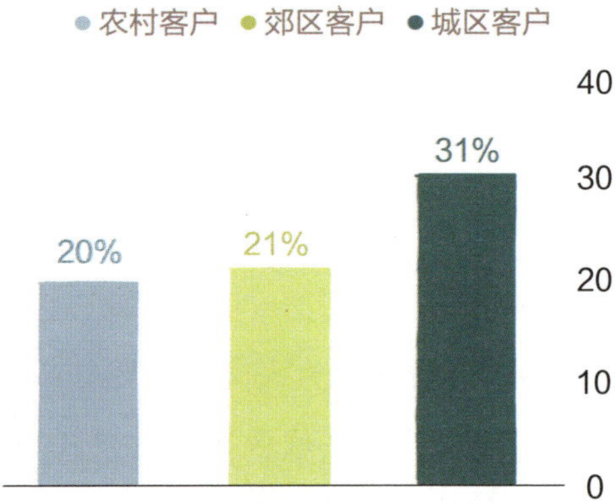

图 B-2

地理位置

客户所在地的地理密度与客户信任度显著相关。城区客户信任度最高，其次是郊区客户，然后是农村客户。城区客户的信任度比郊区客户高 48%，比农村客户高 55%。我们认为这三个地理变量显示出相关关系而非因果关系。同样，很难知道人们是因为信任而搬到城市，还是因为不信任而搬到农村，或者因为居住地经历而决定了信任状态。类似的动态关系可能适用于那些生活在城区和郊区的人。他们靠近企业中心和商业中心，有更多的身为客户的选择。也就是说，城市客户更有能力设定企业将为他们做什么的预期，即他们有更多的主动权来实现他们期望的结果。

受教育程度

随着受教育程度的提高，所有四个因素的信任度都明显增加（见图 B-3）。平均而言，那些拥有研究生以上学历的人其信任度要比那些没有研究生学历的人高出 61%。类似地，那些拥有研究生学历的人其信任度要比那些没有研究生学历的高出约 42%。教育有助于人们获得更多的主动权，增强他们的自主感，并在品牌之间有更多的选择。更高的教育程度也意味着一个人拥有更多的比较和选择工具（包括技术和批判性思维技能）以及更广泛的客户体验（类似于员工晋升）。受教育程度越高的人越不担心可能会出现令人失望的购买决策，越会认为在购买时有更多选择。无论是因为经济优势还是通过知识获得的赋权，受过教育的人在信任一个品牌方面都拥有更大的自由度（通过主动权实现）。

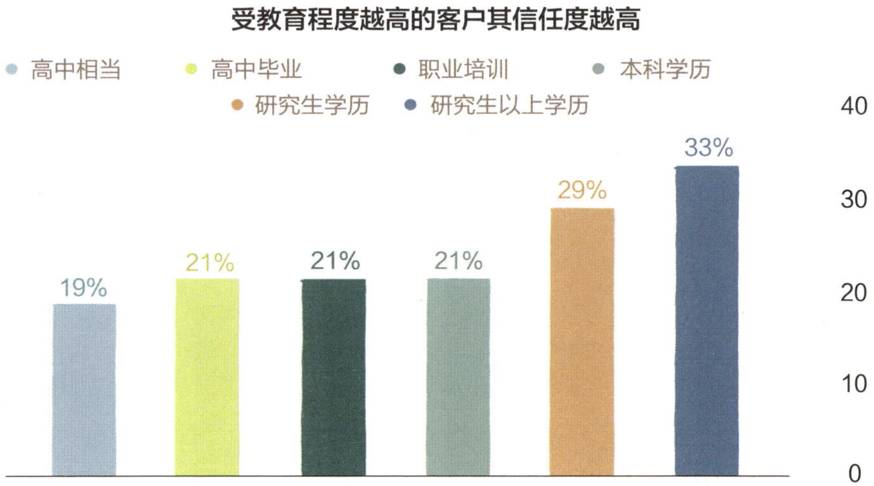

图 B-3

年龄

我们的数据显示，千禧一代的信任度最高，其次是 Z 世代和 X 世代，然后是婴儿潮一代和沉默一代。千禧一代客户比非千禧一代客户的平均信任度高 44%。值得注意的是，尽管年龄是信任四因素中最重要的客户变量之一，但对员工来说，年龄并没有上升到最重要的位置（见图 B-4）。不过，这种对比结果并不令人惊讶。与员工的年龄相比，你作为客户的年龄对你的主动权和期望的影响更大（工作层级和角色更重要，尽管它们通常与年龄相关）。我们认为，主动权再次成为这种差异的关键驱动因素。年轻一代对技术的熟悉使得他们更容易获得主动权，因为他们知道如何利用数字工具来获得自己需要的答案。许多千禧一代讲述了他们的婴儿潮一代父母问他们是否应该在微软或苹果每次发布软件更新时下载这些更新的故事。类似地，老一辈也慢慢采用了电子银行等服务。

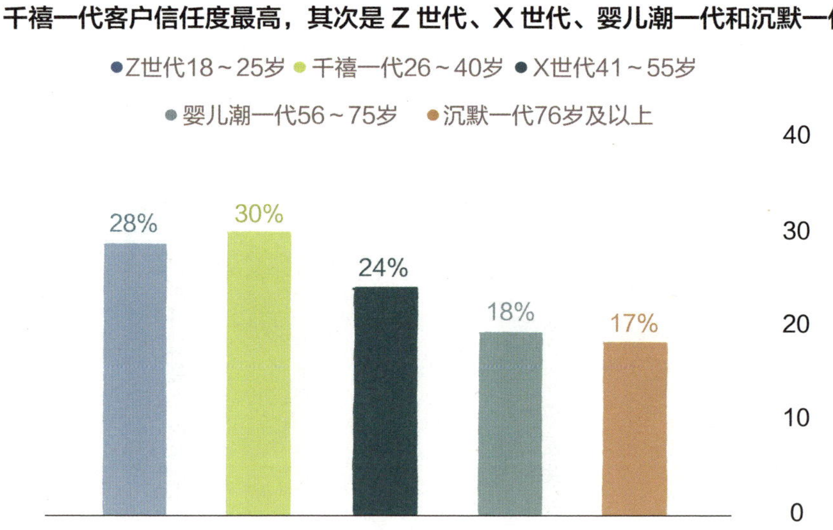

图　B-4

生活状况

已婚并共同生活的人其信任度要比单身并独自生活的人高出47%。类似地，未婚但与其他人（室友、家人或重要的其他人）生活在一起的人其信任度平均要比未婚且独自生活的人高出19%（见图B-5）。很难知道人们是否是因为已经更加信任而与他人结婚或生活在一起，还是与他人生活的经历塑造了他们的信任。我们从自己的体验中知道，与他人相处需要更多的灵活性（有时还需要耐心），这种体验可能会转化为更灵活的信任观点。同样需要注意的是，婚姻状况与父母身份状况密切相关，如上所述，我们知道为人父母者更容易产生信任感。

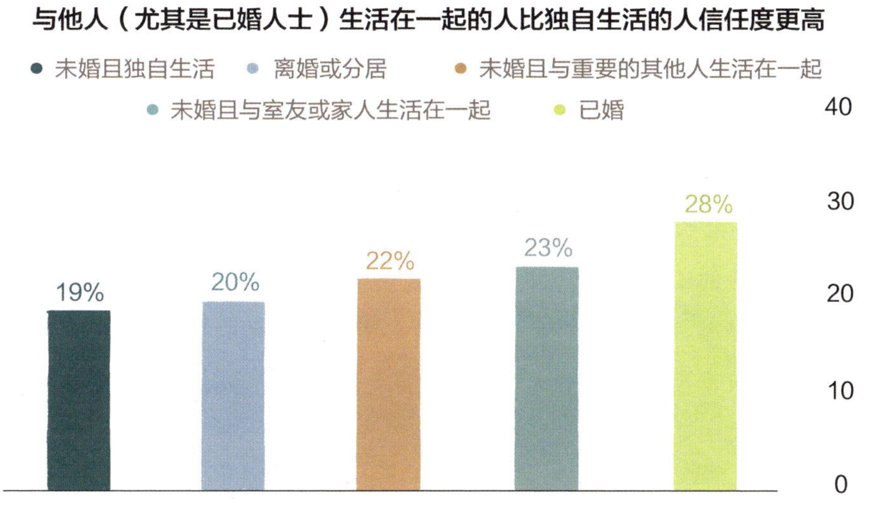

图 B-5

附录 C

对员工而言最重要的人口统计特征

与员工信任水平相关的最重要变量在所有四个信任因素中都是一致的，但不完全相同。

我们发现，以下几个变量最为重要。

- 工作层级：层级越高，信任度就越高。
- 灵活的工作时间：工作时间比较灵活的人有更高的信任度，这可能是因为他们有更大的主动权来影响自己的工作体验。
- 组织类型：为私营组织（相对于上市公司或政府）工作的人可能拥有更高的信任度。

工作层级

员工的工作层级越高，就越有可能信任雇主（见图 C-1）。在我们的研究中，层级较低的员工其信任度只有高管的 70% 左右。员工越接近“高层”，就越了解组织战略，参与决策过程的机会就越多。较高的层级赋予了员工重要的职位权力。因此，当一名员工的层级更高时，他们就比那些层级较低者拥有更大的主动权。此外，了解组织的内部运作会给员工带来更明智的预期，以及更大的职位权力来满足这些预期。

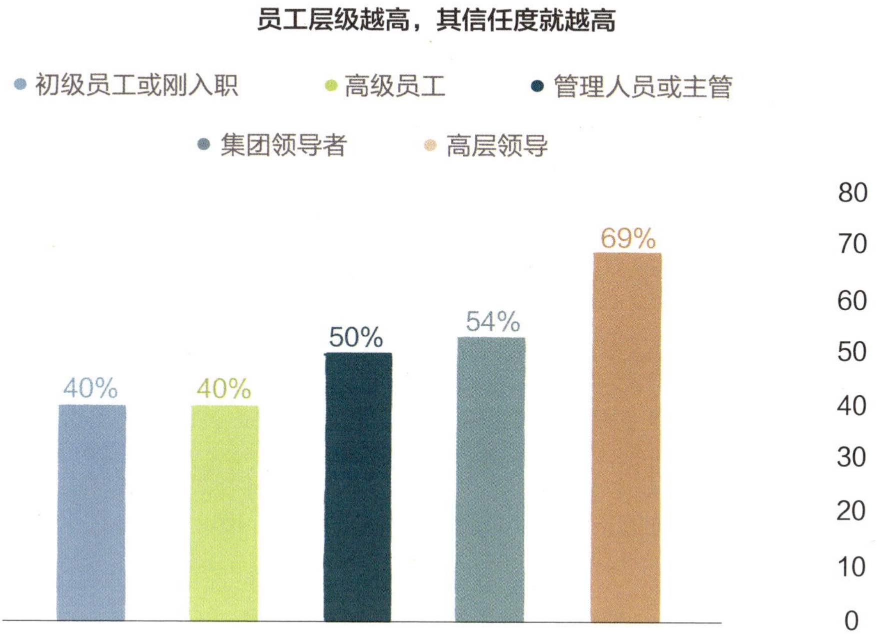

图　C-1

雇主高估了其员工的信任水平近40%，这毫无价值（见图C-2）。这种员工信任差距反映了企业领导者是如何高估客户信任的（见第5章）。当高管们认为所有员工都和他们一样信任组织时，他们往往会犯错，并可能错过提高员工参与度、忠诚度和绩效的机会。

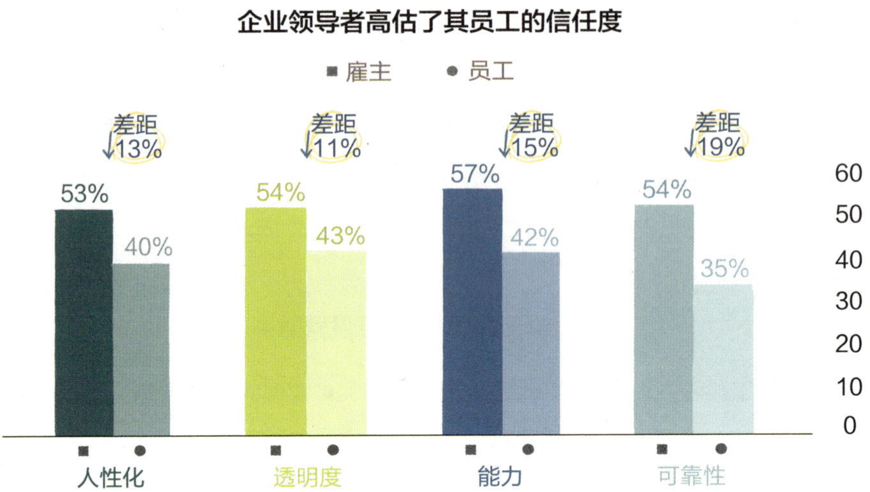

图 C-2

灵活的工作时间

灵活性赋予自主权，缺乏灵活性会限制自主权。灵活性需求得不到满足会导致对所有四个因素的信任度降低，这是有道理的。若员工拥有灵活性，其对雇主的信任度比缺乏灵活性时高出约 40%（见图 C-3）。

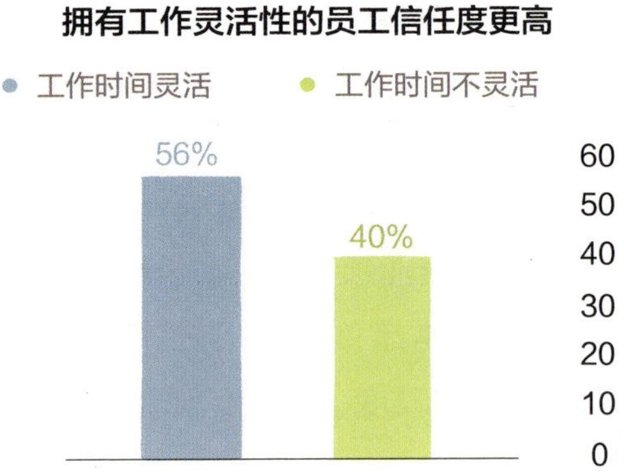

图 C-3

组织类型

与上市公司相比，那些在私营公司工作的人在所有四个因素方面的信任度更高，尤其是在透明度方面。私营公司员工的信任度要比上市公司员工高出约 21%（见图 C-4）。这是有道理的，因为透明度与为私营公司员工设定的预期直接相关。可以说，私营公司领导者对战略议程和员工沟通拥有更多的控制权，这可能会推动其员工对透明度的认知。

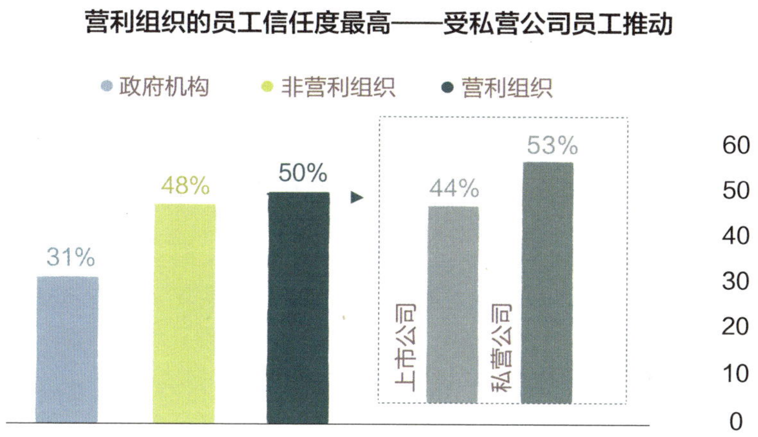

图 C-4

相比之下，政府雇员对雇主的信任度更低，仅为非营利组织员工的 65%，营利组织员工的 62%。考虑一下，工作环境可能会在员工预期方面发挥重要作用。如果政府雇员的角色与政治风向或政策变化有关，那他们可能会不知道该预期什么，也不觉得自己有太多的主动权。与我们在公司高管身上看到的周期相反，对个人主动权的限制可能意味着政府雇员实现其预期的能力较小。

我们还发现了一些有趣的细微差别和变量，这些差别和变量对一两个因素非常重要，但并非对全部四个因素都很重要。

- 客户互动：每周或每天与客户互动的员工更有可能认为他们的雇主更人性化、更透明。
- 被抚养人：家里有被抚养人（如孩子或老人）的员工更有可能认为他们的雇主是可靠的。
- 绩效薪酬：薪酬中包含绩效奖金（如奖金或股票期权）的员工更有可能认为他们的雇主是透明的和有能力的。透明度包括分享财务状况，而能力则隐含在组织的成功中。
- 福利数：享受福利更多的员工更有可能认为他们的雇主有能力。例如，更多的健康（如视力或牙科）保险、人寿保险、残疾照护、退休或弹性储蓄、带薪休假和病假等。

客户互动

定期与客户互动的员工更有可能在人性化和透明度方面给予其雇主很高的评价。每周或每天与客户互动一次的员工其信任度要比没有每周与客户互动的员工平均高出约 18%（见图 C-5）。一线员工对外代表了他们的雇主，客户期待他们能体现出组织的品牌和以客户为中心的理念。良好的客户体验需要高度的人性化和透明度，而这正是需要一线员工来提供的。反过来，这些员工可能会在为客户提供人性化和透明度时感受到更大的自主权。此外，他们还可能拥有直接解决问题和满足客户需求的主动权。

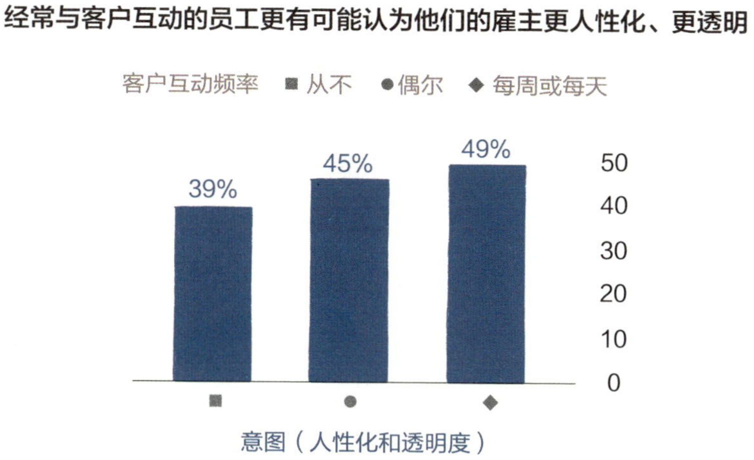

图 C-5

被抚养人

家里有被抚养人（如孩子或老人）的员工更有可能认为他们的雇主是可靠的（见图 C-6）。也许有被抚养人的员工已经找到了能够在照顾员工及被扶养人时提供更全面的覆盖和灵活性的雇主。也许这些员工对自己的需求和对雇主的预期更加直言不讳（即希望雇主为他们提供更多的主动权），并且他们的雇主通过可靠性赢得了更多的信任。无论是通过设计还是通过文化，也许雇主都会强调那些让有被抚养人的员工觉得更可靠的事情（如日程安排、可预测的薪酬）。

绩效薪酬

谈到薪酬时，透明度、能力、主动权和预期之间存在着密切关系。按公司绩效获得薪酬的员工可能会对自己的薪酬拥有更大的主动权。通过实现更高的绩效，他们获得了更高的薪酬（见图 C-7）。此外，他们也可能认为雇主更有能力，因为他们自己更积极地投资了组织的成功（或称为“自我归因偏差”）。

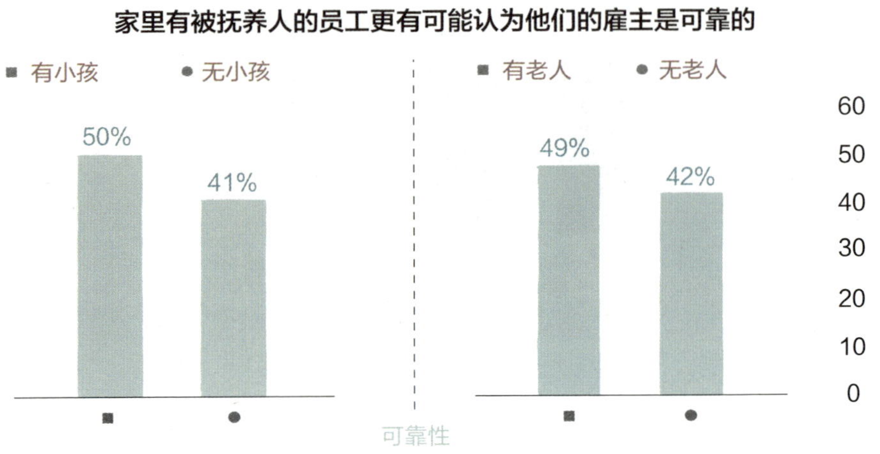

图 C-6

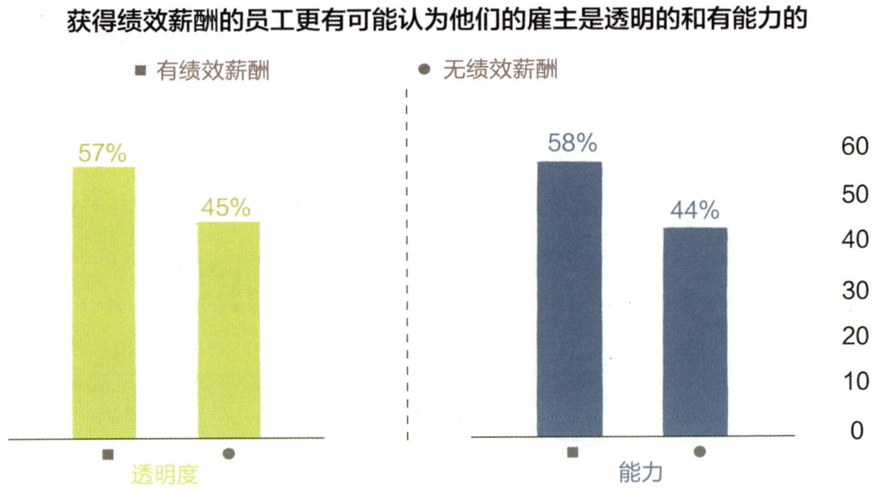

图 C-7

绩效和薪酬之间的直接联系需要在数字方面表现出透明度。为了激励员工并展示公平性，组织可能需要对员工行为如何推动组织绩效以及组织绩效如何转化为员工薪酬非常透明。有了这样的明确性，员工对自己的角色和责任以及他们因自己的行为和努力得到什么样的薪酬可能会有更明确的预期。

福利数

正如你在图 C-8 中看到的那样，享受更多福利的员工认为他们的雇主更有能力。该数字统计中包括的福利类型更多地涉及了健康保险（如视力或牙科）、人寿保险、残疾照护、退休或弹性储蓄、带薪休假和病假等。一整套福利让员工感觉自己作为完整的人在工作和家庭中都得到了很好的照顾。回顾一下第 1 章，一个有能力的雇主是一个创造良好工作体验并为员工提供把工作做好所需的资源的雇主。对许多员工来说，这会转化为一整套全面的福利方案并不令人奇怪。作为一个完整的人被照顾的感觉使员工能够在工作中表现出他们最好的、最富生产力的一面（见第 13 章）。

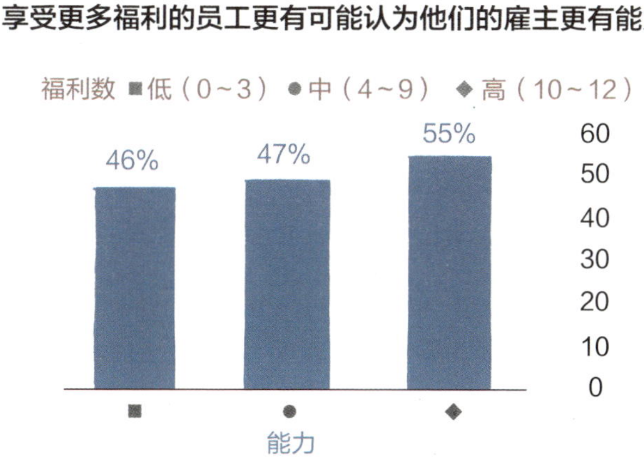

图 C-8

身份人口统计特征

如第 6 章所述，在我们的研究中，各个种族的员工和白人员工之间的信任差距趋于平衡。有关员工信任的完整人口统计特征细分，请参见图 C-9。我们每次的员工调查（2020 年 5 月、2020 年 10 月、2021 年 10 月）中列出的种族选项如下：美洲印第安人或阿拉斯加原住民、亚裔、黑人或非裔美国人、西班牙裔或拉丁裔、多种族或其他人种、夏威夷原住民或其他太平洋岛民、白人或高加索人。样本量低于 50 的少数族裔群体没有包括在图 C-9 中。值得注意的是，2020 年 5 月调查中的夏威夷原住民或其他太平洋岛民的样本量以及 2020 年 10 月调查中多种族的样本量都在 50 ~ 100，这可能不具有统计学意义。

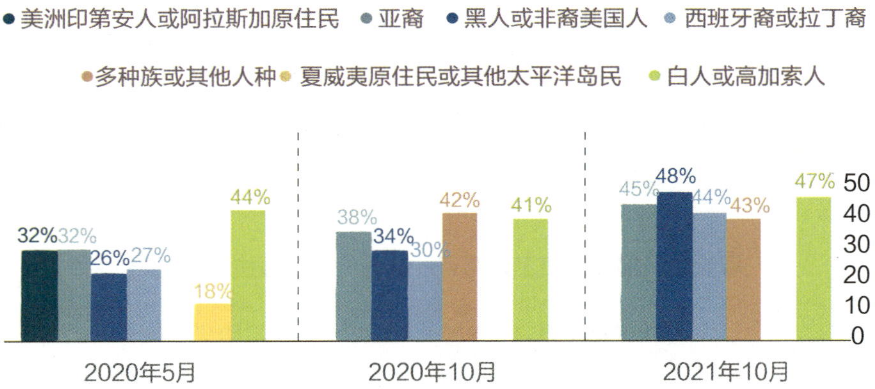

图 C-9

致　谢

阿什莉要感谢她的家人和朋友，特别她的伴侣马里克所表现出的无限耐心和爱。此外，她还要感谢她的朋友和本书合著者阿梅莉亚，阿梅莉亚使工作充满了“人情味”。

阿梅莉亚要感谢她的家人和朋友，特别是她丈夫安德鲁（Andrew）的支持和爱。此外，她还要感谢她的朋友和本书合著者阿什莉，是阿什莉教会了她与建立信任相关的一切。

我们要感谢我们的父母，感谢他们培养了我们的信心，教会了我们重视自己的智慧和见解，并鼓励我们写作。我们还要感谢我们出色又可信的团队，包括无可挑剔的埃米莉·沃纳（Emily Werner），没有她坚持不懈的努力和思想合作，我们不可能完成这个项目。

我们要感谢安巴尔·乔杜里（Ambar Chowdhury）和史蒂夫·哥德巴赫（Steve Goldbach），他们建议我们涉猎这个重要的信任话题并帮助我们“快速取得进展”。我们要感谢我们的朋友和合作伙伴，他们是：克里斯蒂娜·别涅克（Christina Bieniek）、卡伦·鲍曼（Karen Bowman）、托德·德巴斯奥（Todd DeBasio）、丹·赫尔弗里赫（Dan Helfrich）、螺田亨利（Nishita Henry）、斯泰西·贾尼亚克（Stacy Janiak）、苏珊娜·康克尔（Suzanne Kounkel）、斯科特·马杰（Scott

Mager），约翰·皮托（John Peto）、杜妮娅·席娜维（Dounia Senawi）和安东尼·斯蒂芬（Anthony Stephan）。我们要感谢德勤的 Insights 和 Future of Trust 团队。

我们要感谢我们的研究和方法团队帮助我们设计、测试和研究 HX TrustID，他们是：马克·艾伦（Mark Allen）、张埃薇（Evie Cheung）、杰夫·加尼斯（Jeff Ganis）、布兰登·基林（Brandon Keelean）、金莉莉（Lily Kim）、凯茜·拉费尔（Casey Lafer）、山特·马鲁蒂安（Shant Marootian）、迪安娜·莫斯托菲（Deanna Mostowfi）、罗伯特·尼克斯（Robert Nix）、戴尔德丽·奥康奈尔（Deirdre O'Connell）、马特·肖尔特克（Mat Scholtec）、安迪·萨斯曼（Andy Sussman）、杰弗里·塔尔（Jeffrey Tull）和丽贝卡·韦德勒（Rebecca Weidler）。

我们要感谢三位天才设计师：安娜·桑托斯（Ana Santos）为我们提供了精美、形象的插画，麦琪·戈西格（Maggie Gosiger）和布拉德·斯特普尔顿（Brad Stapleton）为我们提供了品牌设计。我们要感谢我们的数据科学家的洞察力和精确性，他们是：拉恩·贝里曼（Ran Bergman）、丹尼尔·卡佩卢波（Daniel Capellupo）、伊多·科恩（Ido Cohen）、郭静静（Jingjing Guo）、塔尔·卡索（Tal Kaso）、苏尼尔·库马尔（Sunil Kumar）、迈克尔·拉克拉维克（Michael Laclavik）、托梅尔·利夫内（Tomer Livne）、奥莱娜·巴尼奥·莫尔达夫斯基（Olena Bagno Moldavsky）、伊莱·穆尔（Eli Moore）、多尔·斯克拉（Dor Sklar）和丹佛·斯托克斯（Denver Stokes）。

我们要感谢我们的项目管理团队使我们的工作有条不紊地进行，他们是：阿比盖尔·温·法利（Abigail Winn Farley）、平冈阿莉莎（Alyssa Hiraoka）、华康妮（Connie Hua）、阿尔贝托·马斯里亚（Alberto Masliah）、里根·米兹拉希（Regan Mizrahi）、尼娜·潘廷

（Nina Pantin）、阿什莉·珀金斯（Ashley Perkins）、史莱雅·拉古南丹（Shreya Raghunandan）、迪维娅·萨哈（Divya Saha）、安德鲁·斯托（Andrew Stowe）和乔伊斯·周（Joyce Zhou）。我们要感谢我们的客户交付团队帮助我们在市场上测试和研究 HX TrustID 平台，他们是：杰克·亚历山大（Jack Alexander）、恩佐·阿扎尔康（Enzo Azarcon）、拉西卡·查克拉瓦西（Rasika Chakravarthy）、珍妮弗·戴利（Jennifer Daily）、乔纳森·爱泼斯坦（Jonathan Epstein）、妮科尔·加拉格尔（Nicole Gallagher）、劳伦·蒂加登（Lauren Teegarden）和马特·瓦拉韦托（Matt Varraveto）。

我们要感谢我们的职能部门和行业专家提供的"如何做"意见及专业知识，他们是：科琳·M. 波尔多（Colleen M. Bordeaux）、查理·布坎南（Charlie Buchanan）、克里·卡拉尼亚（Keri Calagna）、特里·库珀（Terri Cooper）、克里斯蒂娜·卡滕（Christine Cutten）、阿林·伍德·欧文（Aryn Wood Erwin）、布莱恩·弗兰克（Brian Frank）、玛吉·格罗斯（Maggie Gross）、安迪·哈斯（Andy Haas）、安迪·奥斯汀·何（Andy Austin Ho）、乔舒亚·奈特（Joshua Knight）、多尔西·麦格隆（Dorsey McGlone）、米歇尔·克里斯蒂安·麦圭尔（Michelle Christian McGuire）、埃米莉·莫斯伯格（Emily Mossburg）、汤姆·肖恩维尔德（Tom Schoenwaelder）、玛丽贝斯·西瓦克（Maribeth Sivak）、迈克尔·斯蒂芬（Michael Stephan）、乔迪·斯蒂德姆（Jody Stidham）和雅尼娜·楚尔克（Janine Zucker）。我们还要感谢杰茜卡·巴尔齐莱（Jessica Barzilay）、道格·哈迪（Doug Hardy）、安德鲁·克里瓦克（Andrew Krivak）和比尔·马夸德（Bill Marquard）的审稿和编辑。最后，我们要感谢我们的责任编辑扎克·希斯盖尔（Zach Schisgal）和威立出版社（Wiley）的整个团队。

《信任之书》

理解何时选择全然信任，何时需要保留态度，是人际交往中的一项重要技能；同样地，明白如何赢得他人的信任，以及在信任出现危机时如何修复它，更是构建人际关系的核心要素。

亨利·克劳德博士

（Dr. Henry Cloud）

著名领导力专家，《纽约时报》和《华尔街日报》

畅销书作家，畅销书《过犹不及》作者

（即将出版）